林進來 教你
讓錢自己流進來

風水

How to improve
the fate

致富
100 問

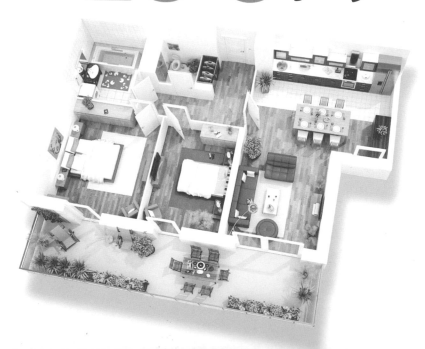

用面相創造好機會

「我的年命該配合哪個座向⋯」、「老師，我家好像有路衝耶⋯」、「我家這樣的格局風水好嗎⋯」⋯⋯。

本書作者 林大師玉照

我在五術界半甲子的時光來，常被問及一些風水的疑問，有鑒於此，特地彙整出來，希望能讓一知半解者、一窺堂奧者，甚或嗤之以鼻者，都能對風水了解大約個概況。

本人從事風水、命理、面相已有30餘載，也勘遍了大江南北的地理，從三合院到現代住宅，從山脈到平原，在數十年的經驗裡，體認到人的命格由出生那一刻即註定，但「運」卻是可積極的去創造，而又以住宅磁場的改變最強大。

所謂的磁場無處不在，大至整個宇宙，小至個人空間，處處都是生活在磁場中，所以一間房子的好壞也和磁場息息相關；古代聖人藉由大自然的力量改變磁場來趨吉避凶，故而有這樣的風水學術流傳下來；但日月飛梭，時間及空間早已不似昔日，尤其環境的改變及生活形式的轉變，整個磁場也隨之變幻莫測。

　　古代的房子最高也只不過2、3層樓，也不像現在的密集，所以氣流平緩，而現代住宅高高低低，起伏極大又密集，任何造形各種角度都有，這對於流串於當中的氣流就影響甚大。

　　而我們現在都受到這些磁場，影響著我們的思緒、我們的脾氣、我們的事業、人際甚至錢財，所以我一直在強調，外在環境的好壞重於內在的佈置，因為我們的運勢70％是外在環境影響。

　　風水學術雖有數千年歷史，由於開枝散葉的情況下造成派系紛雜，各有各的論調，加上現在網路的普

Preface 作者序

及，又更是眾說紛紜，更有人與宗教相混使用，致使有些非自然化的事情變得玄幻，讓一些需求者既期待又怕受傷害，真的很令人惋惜。

所以希望藉由這本書，以簡單的方式，讓讀者能明瞭風水其實就是藉由大自然的力量來為自己營造好的運勢，也讓讀者可以自己來規劃佈局，讓運勢、錢財自己流進來。

經歷
- 中國堪輿推展協會創會會長
- 台灣省地理風水協會創會會長
- 中華心廬命理師協會榮譽理事長
- 中華戀理易經推廣學會榮譽理事長
- 上海振浦醫療公司顧問
- 和嵩金屬建材有限公司顧問
- 遠伸營造有限公司顧問
- 法拍屋鑑定老師
- 透明房訊法拍屋風水講師
- 昊天書院院長
- 良宅應機門負責人

著作
- 三分鐘職場讀心術
- 寫給女人的風水書
- 現代陽宅論斷法
- 自由時報風水命理專欄作者
- 蘋果日報陽宅風水專欄作者
- 時報周刊風水命理專欄作者
- 中國時報、聯合報系風水時事專欄作者
- 風水雜誌陽宅面相專欄作者
- 占卜大觀園風水面相命理講師

林進來老師聯絡電話：0910-196266／（02）2595-6073

Contents 目錄

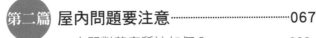

Contents 目錄

第一章 風水，
真的很重要

　　我們無法選擇父母，無法選擇出生環境，
但運勢可由我們自己來抉擇，運勢可受多方面
的影響，其中最快速改變的方法就是環境。

風水，真的可以改變命運嗎？

人可藉由風水改變的影響力，去創造自己的未來，這就是風水改變運勢的力量。

古人說決定命運的好壞一命、二運、三風水、四積德、五讀書。人一出生就註定了「命」，我們無法選擇父母，無法選擇出生環境，但運勢可由我們自己來抉擇，運勢可受多方面的影響，其中最快速改變的方法就是環境。

所謂環境當然指的就是風水，風水的磁場感應可影響居住者的運勢、思想、判斷、財運……等，如果得到好的磁場，對人生往往會有神來之筆，意想不到的效果，若處於不好的磁場會阻礙運程，甚至體弱多病精神錯亂；風水為何具有改變運勢的效果，這是令許多人想去研究探討的。

我們已知，人的生活環境不停的變化，在風水學裡這些不停變化的氣流，又因八卦方位的對照，產生出「旺」與「衰」的磁場，而這些磁場就是直接影響人的身心，連帶的也會影響人的運

勢。就好比一家公司如果得到「旺」氣，則公司員工向心力強，事業順利自然財源廣進，如果公司得到的是「衰」氣，則公司內部紛紛擾擾，是非不斷，對外則運勢不展，財源窘迫甚至倒閉。

風水和命運都是以易理為基礎，兩者結合起來運用則可達到改變命運的效果，所以當得到好磁場時，將帶動整體的優質化，人可藉由風水改變的影響力，去創造自己的未來，這就是風水改變運勢的力量。

風水的目的就是要利用風水原理來達到趨吉避凶、轉變運勢之效，但是會看風水者多，卻不見得都會改風水，所以風水師的選擇上就必須謹慎為要。

風水小叮嚀

先天命格八字註定，後天運勢良宅決定。

良禽擇枝而棲，智者擇宅而居。

坪數大小，與風水好壞有關？

風水強調的是納氣與聚氣，而「氣」正是可以影響房屋好壞的條件。

有位客戶帶我去看了好幾間店面，他選擇的都是大馬路邊的店面，他的理由是馬路邊人來人往，才能有商機，相信很多人也都是這樣的想法，其實不盡然。

風水強調的是納氣與聚氣，有多少氣可納入，取決於空間的大小，而「氣」正是影響房屋好壞的條件。小坪數的房子與大馬路的氣流，在陽宅學裡有句諺語稱「大水沖破龍王廟」，再打個比方吧，好比一個人的嘴巴只能吞一口飯，但卻塞入一大顆饅頭，其結果若不是咀嚼困難就是噎住了！

小坪數的房子，無法納入大馬路寬廣的氣流，就算氣是「盛」氣，就算門開好門，都對此房子沒有助益，更何況馬路太寬廣，氣流就鬆散了，也就是風水學裡稱之為「虛」氣，氣已虛了，當然對陽宅就起不了作用了。

但如果是大坪數卻面對著小小巷道，就要去了解巷道裡的氣是實是虛、是旺是衰，再與坪數相比，才能對此房子做出好壞的判定。

現今的陽宅高樓林立，房舍緊鄰，馬路、街、巷道交織如網，造成高高低低、寬寬窄窄的環境，而穿梭於這些環境的氣流，才是影響風水好壞的主要條件。

風水小叮嚀

買屋、租屋先要觀察四周環境，就算不是以風水為考量，也要了解四周的人文風氣。

研究風水，有哪些秘訣？

一水、二木、三石、四土、五形及光線。

　　風水分陽宅與陰宅，陽宅談論的是我們居住的房屋及四週環境，陰宅談論的就是祖先墳墓的格局，不論是哪一種，「它」都必須存在於自然法則之中。研究風水有五大秘訣，一水，二木，三石，四土，五形；水是地球上最常見的物質之一，也是生物體最重要的組成元素，水也是萬物生存的重要資源。

　　易經有一詞「水為智慧」，為何有此一說呢，因為水能調節溫度，人若在高溫或低溫的環境下，思緒及性情會變得乖戾或渾沌，但若處在適溫環境中，則人的思緒活絡反應靈敏，水就是調節溫度的重要元素，所以在風水學裡住宅有水來調和氣溫，則居住者的腦筋就靈活。

　　所以說「水」為智慧；在風水學裡「水」也有化煞的功能，但水能載舟亦能覆舟。眾所皆知，風水有分好與壞的磁場，壞磁

場有水則能化煞，但好磁場有水則有損傷，所以風水學將「水」排放在第一位，可見「水」的重要性。

　　二木，由草木的旺盛與否，即可判定此地磁場好壞，植物長得茂盛或美豔，代表著它有充沛的營養能吸收，也代表此地是適合於生長，植物乾枯或枝葉稀疏，那表示此地質水分稀少，磁場雜亂。植物對於生態的維護有很大的助益，也是用來研究風水的依據，植物也可用來擋煞，因為樹木有擋風遮陽等等作用，但植物過於茂密則擋住了陽光，過於擁擠亦造成空氣流通不佳，這也會對人產生負面的影響，可見植物在風水裡的角色也不容小覷。

　　三石，風水學說土裡要含有石才有貴氣，就好比人體，土為肉，石為骨，人體必需要骨頭才能支撐起來，一個人如果肉太多骨小則支撐不住就變得鬆散無力，但若肉太少，像皮包骨者，又顯得太剛硬。石頭就是風水的骨，土則是風水的肉，如果石頭過多則散熱不易，就會影響住在此地的人性情不穩；觀看現在的建築都是鋼筋水泥，散熱不易，氣溫無法調節，所以現代人的個性都比較急躁。

　　當然有人會說「現在室內都有空調啊」，但這些空調雖調節了氣溫，但造成室內水氣缺乏，形成乾燥的空間，人處在這樣的環境，久而久之情緒也會產生煩躁之心，而排放於外的熱氣，又造成外在環境的汙染與紛亂，造成整個自然節律失調，最後影響到的還是人類也殃及了萬物。

四土，土與石是相關的環節，上述論到石多不易散熱，會影響人的情緒與思考，土多呢？土多含的溼氣就重，居住在這樣的環境裡容易腰酸背痛，也容易引發風濕、關節炎等病症。

　　有人會說「那現在的鋼筋結構是不是就沒有濕氣的問題」，錯了，鋼筋結構不但散熱不易，它也不容易調節溼度，我們有時常會看到牆壁外黑黑的一片甚至長青苔，這就是濕氣太重散不去的房子。

　　現在有很多文明的產物像空調、除濕機……等等，雖然可改善鋼筋結構的缺失，但畢竟還是無法有自然的效果，也就是違反了大自然，也就有許許多多的文明病產生，甚至對於心靈也造成了病態。

　　五形，古人將山川等地形以五行來取用，形象屬金者是貴中帶文秀，屬木者屬文秀之貴，屬火者為武將之格，屬水者秀中帶財，屬土者富中帶貴，此種以形為論的風水，大多是用來判斷陰宅或廟宇的吉凶。

如何判斷陽宅的好壞？

在風水術而言，氣可變為水，可積澱為山川，
可從無到有，亦可由有化無。

論及風水首重「氣」，「氣」為萬物之源，「氣」無所不
在，「氣」變化萬千，有聚、有納、有散、有生、有死、有陰、
有陽、有實、有虛……等等。

在風水術而言，氣可變為水，可積澱為山川，可從無到有，
亦可由有化無，這些盛衰消長，有著不可改變的規律，也是預測
吉凶悔吝的依據，所以「氣」為一切之本。

現代住宅稠密，櫛次鱗比的建物，街道、馬路……等，外
在環境均對陽宅有很大的影響力，再加上鋼筋結構、金屬、電器
品、燈光、火爐等等，與古時的風水論法已大不相同了。

現在的風水又包含了建築學、生態學、能量學、色彩學……
等。要看陽宅的好壞，若不懂風水者可由大自然的景象去論斷，

比如：

一、看草木，可看看住宅左鄰右舍或上下樓的花草長得如何，是花木扶疏呢還是死氣沉沉？一間氣流好的住宅，附近的花草一定生氣蓬勃。

二、看光線，有光線才會產生氣流，相信一般人也都喜歡光線充足的房子，但切記不要前後兩個光線相沖，容易引起是非。

三、看牆壁，如果斑駁、發霉、長青苔者，代表此住宅氣流不順濕氣重，會影響到居住者的健康及財運。

四、看家門，家門前或附近，最好不要有雜亂不堪的景物，不雅之外，心情也會跟著沉落。

五、收集資料，先察看此住宅區的來龍去脈及人文環境。

房子最重要的是外在環境，如果房子整齊化一、格局方正，大致上就不會有太大的毛病。在風水學來講，外在環境占70％，內在格局占30％，所以陽宅的好壞判斷最主要還是依四周的環境為優先。

居住的樓層有差嗎？

房子最重要的是外在環境，如果房子格局方正，大致上就不會有太大的毛病。

經常會有人問我「生肖屬○，房子適合哪層樓？哪個方位？」，有些人很在意房子買在第幾層樓。生肖與樓層的搭配這種說法，其實衍生於《易經》提到「1、6為水，2、7為火，3、8為木，4、9為金」，而後運用於陽宅的五行變化。

所以坊間有著「屬猴、鼠、龍者適宜一樓，屬虎、馬、狗者適宜二樓，屬豬、兔、羊者適宜三樓，屬蛇、雞、牛者適宜四樓，另龍、狗、牛、羊亦可選擇五樓，六樓則與一樓同，七樓則與二樓同……依此類推」的說法，

雖然生肖可以有各自適合的樓層，但是選擇房子還是要重在『氣』和『光線』。現在陽宅2、30層樓高的比比皆是，如果說依生肖選擇樓層，但是四周圍都被其他建築物擋住，光線不易進入，氣流也不通暢，請問這對你算是好宅嗎？

本書從頭到尾都在說一個重點，就是外圍四周環境所產生的「磁場」，這是評判陽宅好壞的重點。現代的建築像叢林，又有各式各樣的沖煞陷阱，光用生肖、人命推論是不足以堪稱好宅。

　　有人喜歡最高樓層，因視野遼闊，令人感覺心曠神怡，沒錯心情是會開朗，但奉勸想要衝事業的朋友勿選高樓層，因為心曠神怡、心情開朗久了，就沒鬥志了，也就失去衝刺事業的心了。

　　所以選房子首重在有沒有好磁場入宅，其二室內的格局是否可讓好磁場流暢，這才是真正能輔助運勢的風水。

文昌位好壞怎麼看？

想要提升學業，想要開智慧，中國人認為要拜文昌帝君。

望子成龍，望女成鳳，這是一般家長的心願，除了上學、補習、學才藝等等，也為求得好的讀書環境煞費苦心，這年代的父母可真是「孝順」兒女啊。文昌，大家都知道是判斷力、智慧以及讀書的代表，想要提升學業，想要開智慧，中國人認為要拜文昌帝君，要找個文昌位來讀書，才有事半功倍的效果，但文昌位如何尋找呢？

論及風水，當然還是以八卦的方位為主，依現今走的運勢來講，西方是正文昌位，東南方為副文昌位，理論是如此說的，但還是得配合磁場來論，如果文昌位沒有磁場引動，那這文昌位就沒有任何效果可言。

如果是好的磁場引動，則思路敏捷、智慧開，但如果是壞的磁場引動，雖然腦筋靈活，卻往往都是表現在不學無術的小聰明

上。現在居家與古時大不同了，現代家庭內具有磁能的物品太多了，諸如電視、電腦、冷氣、電燈…等，這些能發出輻射量的電器類，對人的腦神經其實有很大的損害。

一般都知道找房子要遠離電塔，可是又會在自己家裡添購一堆電器品，這些電氣品也是擾亂陽宅磁場的元凶之一，人真的是一種很矛盾的動物。

另一個就是書桌擺放，常常會聽人家說座位後面最好不要空或是有走道，那是因為當有人在後面走來走去時，無形中會影響此座位的人分心，思緒不能集中。

現在的陽宅規劃常常將書桌面向窗戶而背對著房門，其實這是很不好的擺設，會讓小孩無法專心，再就是光線要亮但不能太刺眼，光源最好由後上方照射，這樣眼睛才比較不會累；現在人都免不了使用電腦，電腦也是一種能量，最好能擺放在好磁場來帶動文昌氣，才有助思緒。

動工煞對人有什麼影響？

「動工煞」顧名思義就是工程施工時對房屋所產生的負面影響。

相信很多人常常會聽到「動工煞」這個名詞，這「動工煞」到底對人有什麼影響？

「動工煞」顧名思義就是工程施工時對房屋所產生的負面影響，而這個影響對照著陽宅的八卦方位會產生出不一樣的狀態，除了影響家運之外，最直接的就是對身體方面的傷害。八卦，指的就是八個方位，此八個方位既可代表六親關係亦可論及身體部位，旦看動工之處是在何方位，就可論及哪個部位會受到影響。

部位代表如下：乾卦，身體論頭、骨、肺等；坤卦，身體論腹部、脾、胃、皮膚病症等；震卦，身體論手足、肝膽等；巽卦，身體論肱骨、風濕疾病、精神疾病等；離卦，身體論眼、心臟、血液疾病等；坎卦，身體論耳、腎、泌尿系統等；兌卦，論口舌、胸部、血壓等；艮卦，手足、鼻、背等。

動工煞對人體或家運影響甚深是因為動工所造成的氣流強大，所以煞氣也特別重，對應著卦位，就會產生或大或小的不適，嚴重者甚會有意外傷亡，所以「動工煞」是需要注意的風水傷害。

　　但動工煞也並非都是負面影響。我一直強調要對照八卦，八卦有分旺跟衰，所動之處在衰方，當然引起事業及家運都不好，但是在旺方，在動工這時段，將會感到事業特別順利，或者生意特別旺，這就是動氣所引動的。

　　但是「動工」，想當然耳，氣流勢必強大，「物極必反」這詞相信大家都知道，就算動工在旺方處會帶來好運勢，但是在身體方面也還是需小心。但是當動工完畢後，四周環境一定也產生了變化，這時就要注意自己的住家，是因為這動工是變好了還是變壞。

買屋前，真的需要先看風水嗎？

「好風水」不是萬能，它只能算是人生的輔助工具，不能因為有好風水就可凡事怠惰。

買屋是人生中的最大投資，一般人買房子會重視地點、交通及生活機能，鮮少將「風水」納入考量要素，甚至有人認為「風水」只是江湖術數，不需採信。古人將如何在嚴峻的大自然中求生存，研究大自然進而運用大自然來達到平順的生活等經歷創作成一門風水學術，傳承幾千年下來的智慧，到了現今科技年代，被論為迷信，實是有失準則的。

幸而「風水」也開始漸漸的被科技證實，無論在學理上、效用上及其所涵蓋的範圍，處處顯示其合乎科學。環境提供了我們生活的條件，不同環境又會產生不同變化，而我們完全受到這些變化的左右，所以慎選一個環境確實是非常重要的。

在風水學的理論簡單的說，陽宅會受到四周磁場的影響，如果引進入宅的氣是好磁場，那會為此宅帶來好運勢，如果入宅的

磁場不良呢，那就易遭逢事業受阻，運勢不佳等狀況，所以買房屋前，先要了解此宅受到四周圍怎樣的磁場影響著，以免買屋後還要破一筆改裝費了。

有不少人想買預售屋，那我會建議購買者，實際去工地走一遭，去了解四周的環境與全工地的平面圖做個全盤的比較，甚至了解鄰近土地往後的規劃等等，因為居住是要長久的，要審慎的考量將來四周的改變，再來考慮到底適不適合買。

「好風水」並不是萬能，它只能算是人生的輔助工具，不能因為有好風水就可凡事怠惰，就好比一個坐擁金山銀山的人，不努力也會有坐吃山空的一天。「好風水」是會帶來好的機運，但還是要自己去把握，才能在禍福相倚的際遇裡平步青雲。

風水小叮嚀

　　購屋前先觀察四周的環境，並感受光線及風的強弱。

電器，會影響風水嗎？

在風水理論裡，可以產生動能的東西五行是屬火。

社會越來越進步，人們的美好生活也越發的依賴科技，在繁忙的生活中，事事講求效率、快速，導致家裡的電器用品琳瑯滿目。電器品小自手機大至冷氣機、電冰箱等不一而足，在風水理論裡，這些產生動能的東西五行屬火，「火」有生旺作用，所以最好能將這些物品擺放於旺氣方，尤其是冷氣主機、洗衣機等具有發動大能量的電氣品，擺在旺氣方可增加磁場感應，對此居住之人增加鬥志、帶動衝勁。

以現今陽宅學的元運來講，旺氣有四個方位，西北方、南方、東北方、西方，西方有電器帶動，可增加居住者的智慧，南方、西北方有電器輔助，可逢貴人，東北方有電器運轉，增加人緣；同樣道理這些產生動能的電器品如果是擺在衰氣方，那就引衰氣入宅，即使只是一台小小的電腦，都可能大大地影響你居住的風水，甚至你自身的運勢，此點不可不慎。

近幾年來，人們在享受便捷的生活時，卻也思考起電器商品對人體的影響，現代家居生活中無處不在的家電，所產生的電磁波，是影響腦神經的最大元凶。依據美國實驗顯示，一般人電磁場有百分之四十是來自於房子附近的輸配電線，百分之六十則是來自屋內的電器用品。

所以在我們顧及到各種光線、通風、方位、風水等的同時，也必須考慮到「它」對自身健康的影響，例如使用上的安全距離、避免過度使用等等。

全球暖化的主要原因除了樹木過度砍伐、車輛的廢氣外，另一個就是電器品產生過多的熱氣。所以當我們在享受生活科技時，除了衰旺方要注意之外，當然能節省能源，更能保護自己甚至保護地球。

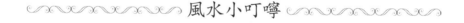

風水小叮嚀

電器用品及火爐最好設置在旺氣方。

祖墳風水真的會影響下代嗎？

鄧小平祖墳

　　一運、二命、三風水，中國人一般都很相信風水，要論風水的影響力，雖然見仁見智，各說各話，但從古至今各富豪、名流，動輒斥資千萬修墳造墓，尤其近年來更是買山、圈地，花費數億資金為求一門好風水從不手軟，可見影響家運之說是寧可信其有。

　　唐朝國師救貧仙祖楊公筠松曾說：「不得三尺龍穴土，終身勞祿又辛苦」。在古時候，不論是在朝為官的，或是地方仕紳、員外，他們在家中都會恭敬的供養著地理師或堪輿明師，為自己及家族趨吉避凶，造富發貴。

　　不論是祖墳風水、陽宅住居，或是生基，其龍穴土質所蘊藏的地靈、地氣及溫度，都能給予祖墳、陽宅相當程度的加持與庇佑。祖先墳墓與在世之子孫能有何影響呢？首先就要論起血緣關

係，每個人身上所擁有的基因，都是流傳自父母，而父母也是傳自他們的父母，這種基因有如電波，隨時會感應在你身上，所以祖先若是選擇個好風水，其所收到的靈傑地氣都能給予下代子孫相當程度的影響，所以中國人對陰宅的重視程度比陽宅要深。

我三十多年的命理生涯，跑遍台海兩岸探勘名人的祖墳，有毛澤東、鄧小平、馬英九、連戰、王永慶……等等，這些名人政要的祖墳真的都具備了好風水的條件。左青龍、右白虎都有來護主穴，後靠山秀氣有力，前面明堂有珠朝拜，此種地形堪稱好龍穴，當然此種地質所含的能量也非比尋常，所謂地靈人傑，指的就是因受好地氣的感應，而運勢順遂，所以祖先的墳墓真的有影響力嗎？有的，非常有影響力的。

舉個最有名的寶穴，台北觀音山獅仔頭公墓，是台灣最大的公墓，也是排名第一的龍穴之處。咱們台灣經營之神王永慶的祖父母就座落在此，此寶穴在山法裡有個名稱叫「迴籠顧祖穴」，此穴的明堂有淡水河、基隆河、五股水匯成三叉水聚於穴前，水論為財。

簡單的說來，由此庇蔭出子孫財多事業廣。當然王先生的努力也是有目共賭，但或多或少也有受祖先庇祐著。但祖墳影響的程度大約只有3～4代，所以自古「富不過三代」的說法，也是有跡可循；中國人自古至今對於好風水的尋求一直都很重視，當然就是希望能代代庇蔭了。

國外也論風水嗎？

中國風水以八卦為方向、論吉凶、論衰旺，若將八卦對照全世界的地圖再配上元運，就可明瞭全球國家的走向。

一般在談論風水的大多都是東方人，當然啦畢竟是中國人發明的學術；西方人給我們的印象都是非常科技化的，一切都講求科學，那是因為我們目前的科技產品大多都來自西方人的發明。但就於生活上來說，他們有如影片上所展現的「事事美好」嗎？

相信他們的世界也是有死於橫禍的、有精神異常的、有事業失敗等等不順遂的人生，他們也是會去求助於星相家或命理師，雖然風水在國外還不甚普遍，但近年來有顯示越來越多外國人也求助於風水，甚至研究風水。

「易經」這本中國古老的著作在西方國家早已被廣泛的研究，而風水乃是衍生於易經，流傳於東方的風水是否適用於西方呢？風水是一門了解大自然進而運用大自然的學術，走遍全世界其實都是一樣適用的；就拿代表中國建築的三合院和西方的古堡

來論。三合院有所謂的東、西廂，也等於是風水學的左青龍、右白虎，中間以納氣為主，中國人又喜歡座子（北）向午（南）的方向，由南方納氣進來代表一種權威。

最著名的建築就是紫禁城，如果風水元運走到衰氣時，那衰運就會由外向內侵擾，所以中國自古都是外強侵犯為多。再說說西方建築，西方建築通常四周空曠，喜歡在建築內部設置中庭，以聚內氣為主，而當風水元運走至衰氣時，因內局聚衰氣，所以由內部開始紛亂，也就是西方的戰事多由自家人來引起的，例如南北戰爭。

中國風水以八卦為方向、論吉凶、論衰旺，若將八卦對照全世界的地圖再配上元運，就可明瞭全球國家的走向；拿中國來說，在上個世紀中國的元運逢「衰」，所以中國氣勢低迷，外強入侵，進入這個世紀，風水元運已步入「旺」氣，所以中國漸漸邁入一方之主的趨勢。

風水它是屬於傳統學術，科學又無法舉證的事例，被論為迷信、迂腐，實在可惜，很多中國古老的智慧，自己人都不知珍惜，反是由外國人士在宣揚、研究，該喜呢？還是悲呢？

山坡上的房子好不好？

　　　　想要在山上擁有一棟完全屬於自有的空間，建
地的四周形狀也是必須要慎重考量的。

　　台灣是個多山的島嶼，土地資源不敷使用的今天，很多住宅
都往山坡上開發，山坡具有依山傍水、視野遼闊的優勢，這是住
在都市叢林所望塵莫及的。

　　山坡，顧名思義它是山地，有山就有形，在山法學來講，依
山的形狀分有五行，也就是金、木、水、火、土，這五行與風水
的吉凶就很有關係了。

　　中國人喜歡房屋後面有靠山，這靠山如果山形為火者，代表
此戶以武將為優，靠山是山形如木，代表此戶人家帶文秀，靠山
是山形如水，代表此戶人家善於運用智慧，靠山是山形如土，代
表此戶人家以經商為耀，靠山是山形如金，此戶多與富貴有緣。
自古以來風水寶穴重在左右砂手，也就是常說的左青龍、右白
虎，風水要有左青龍、右白虎來護衛此地才是好穴場，也代表在

外的交友或部屬會來擁護自己。但如果左右有破碎不整齊或太壓迫的景象，就會產生朋友欺壓、在公司有奴欺主的現象。

有山就有水，山坡別墅的重點就在於水，自山上下流的水，如果有遠明堂，則可為此戶人家帶來財運，最忌諱的是水在陽宅的旁邊轉走，這可是會帶來破財或財物被劫的象徵；另一點，住宅也不可蓋在山的水路上，容易造成此宅之人健康上的隱憂。

再來說說明堂，也就是陽宅的正前方，如果遠眺出去有座小山，風水稱之為「案山」，有這樣的一座案山來朝拜，則代表事業在外可得貴人相助，但如果案山破碎不秀氣，則會引起交友不正，事業上容易犯小人。

想要在山上擁有一棟完全屬於自有的空間，除了經濟問題之外，建地的四周形狀也是必須要慎重考量的。

色彩與風水，有什麼關係？

色彩也是有它的五行屬性，自古以來中國人利用這屬性來輔助人生的運勢。

每當勞累一天，總會想要處在一個可洗滌疲憊的氛圍之地，可是有人回到家卻依然浮躁不勘、心神不定，那就表示這個「家」存在有負面的磁場，除了風水磁場不佳之外，室內的色調對人的精神和情緒也都有很大的影響力。

從命理的角度，每個人都有自己喜歡的顏色，而這會影響個人各方面的運勢及身體的健康，隨著時間與空間的轉變，每人對色彩的喜好多少也會改變，色彩在客觀上是對人們的一種刺激和象徵，在主觀上又是一種反應與行為。

在風水文化層面來說，宇宙萬象均不離陰陽五行，這也是影響東方文化的一切生活方式，色彩也是有它的五行屬性，自古以來中國人利用這屬性來輔助人生的運勢。

比方說缺火的人，可多使用紅色物品或居家以淺綠色佈置。

缺土的人，多使用黃色物品，居家以淺黃色佈置。

缺木的人，多使用綠色物品，居家可用淺綠色、水藍色佈置。

缺金的人，多帶些金飾品，居家可用白色或米白色來佈置。

缺水的人，可多穿著黑色衣物，居家多以米白色來輔助，這些不外乎都是利用相生相剋的原理。

色彩既是一種感受，又是一種信息，隨著時代的進步，人們的精神生活和物質生活不斷提高之後，越來越追求色彩的美感，色彩美化已成為人們物質和精神上的一種享受，如果能運用得當，對自己無形中便產生輔助的功效。

「路衝」一定不好嗎？

路衝最忌諱的是前、後夾衝，也就是房子的前面與後面都是路衝的狀況。

「路衝」這個名詞不管懂不懂風水的人都會講，也是最常聽到的風水名詞，顧名思義就是由住家看出去，有條馬路直衝向住家而來。

大部分人都對路衝很罣礙，主要是心理作用居多吧！並不是每個路衝都可怕，有些人住在路衝反而財、運旺，有些商店開在路衝，生意非常興隆，主要取決於那條路的「氣」是旺還是衰。

而且住家前面的馬路也是一個考量要點，如果馬路很寬廣，則衝過來的氣在這寬敞的馬路就已解體了，也就沒有力量影響了。但如果街道小於陽宅的面積又逢高樓，那街道聚集的氣就需注意是旺氣還是衰氣了。路衝最忌諱的是前、後夾衝，也就是房子的前面與後面都是路衝的狀況，在台灣最有名的前後夾衝建築物就屬總統府了。

前面是凱達格蘭大道，後面是長沙街；屋後的路衝，風水稱之為暗箭。長沙街樓房與總統府大約同高，路面並非很寬敞，此種地形造成的路衝就帶有煞度，形成內部人員常犯無心之過，主事者也會常做出錯誤的判斷。

　　風水上路衝對住宅的影響會有事業不順、財運不佳、意外傷亡，如果逢的是後衝，就要多注意暗中容易被扯後腿之事，身體狀況也會受影響。但不要太緊張，不是每個路衝都不好，重要的還是先了解住宅四周的環境，再來為這路衝下評論。

住宅座向很重要？

風水是門專業的學術，雖然各門各派不同，但重點就是在講求磁場的好與壞。

中國人普遍相信風水，無非就是希望住出平安、住出好運，但風水各門各派都有套說法，有的配人命，有的看天運，有的問神明……方式巧妙各不相同，卻因此造成房子座向選擇的混淆。

風水學說「左青龍、右白虎、前朱雀、後玄武」來形容地形的東、西、南、北，演變成為現代的左右前後的風水代名詞；以古代住宅來講，大多以三合院為造型，也就是符合左右有護守，後方有靠山，前方要開闊。

好比一張太師椅，才能坐得平穩，也因這種理念，將房子後面的方位稱之為「座」，前面就是我們要看出去的為「向」。現在風水學的座向大多只使用在定房子的方位，不論房子的好壞。一般人找房子都會問自己的生肖要住什麼座向的房子，似乎只要取得了座向就可一本萬利、凡事平順，一間房子的座向真的就可

定了一生的平順嗎？本書一再強調，陽宅的風水是受四周環境來影響的，真正勘查一間陽宅的風水，是要由大環境看到小空間的，這樣才能做出仔細的判斷，座向只是其中的一環，如果房子配合了你的生肖，但是房子四周所帶動的磁場是混亂的，相信您住得也不能平順。

藉由資訊的發達，常在網路上看到有人畫張居家圖，就上網詢問自己住家風水座向的好壞，而還真有人回覆好或壞甚至建議他人改造，這些回覆的人都有靈通嗎？

房子可以不用去視察現場、光看一張圖面就可論斷好壞嗎？房子的座向與生肖、八字均無關係，有許多房子一看到外在環境或是外觀造型就知道是風水不佳的住宅，根本可以不用再看座向了；不良的居住環境不僅容易對人體的健康、精神和心理造成影響之外，嚴重者更會威脅到我們的生命財產，所以風水也因此才歷久不衰。

風水是門專業的學術，雖然各門各派不同，但重點就是在講求磁場的好與壞，大自宇宙的大磁場，小至居家的小空間，其實都是環環相扣的。

左青龍、右白虎是什麼？

　　不是只有左青龍、右白虎就能解決陽宅的風水，一切還是要依據陽宅四周的磁場而定。

　　古代天文學家將星群分為二十八群，各冠上一個名稱，而依據它們的出沒和中天時刻，來定一年四季及二十四節氣。二十八星宿環繞在天體大氣裏面，周而復始的運轉不停，分別掌握著東南西北四個方向的天象。

　　古代堪輿學則將二十八星宿分成四個方位「左青龍、右白虎、前朱雀、後玄武的四象線」來定分野。也就是風水「前後左右」的地理位置，前後左右都彼此平衡和諧，平順而有生旺的氣氛，才堪稱好地理。依據易經八卦的方位解釋為東方青龍，西方白虎，南方朱雀，北方玄武，所以左青龍、右白虎是東、西方的指標，而演變至今，左青龍、右白虎已成為左右邊的代名詞。

　　世俗的論調說法如：龍邊宜高，虎邊宜低，龍喜動，虎宜靜，又說虎邊高是女性強勢，這是無稽之談、錯誤的論調，至於

說龍邊代表男生，虎邊代表女生；也是不正確的論點，這是因為古代尊陽抑陰的心態所造成的說法。

總之不論陰宅陽宅，要的是左右平衡最好，門開左右皆可，依其納氣之口而分門立向就可以了，不必迷信龍虎邊。尤其是現代的建築樓高不一，有些落差很大，這是造成氣流亂象的主因。

如果還堅持以虎邊不能高於龍邊，或門不能開於虎邊，或龍邊不能設置廁所等的論調，試問現在的建築設計師是否都會依照風水規劃呢。中國風水哲學博大精深，如果一切僅以左青龍、右白虎，就可以論斷陽宅風水，那麼五千年的風水學術，就太過平庸了。

陽宅強調的是與大自然磁場的結合，太陽一定都是由東方升起的，天地方位不變，但房子的方位卻會不一，所以不是只有左青龍、右白虎就能解決陽宅的風水，一切還是要依據陽宅四周的磁場而定。

何謂壁刀煞？

氣流會順著這片牆面朝著陽宅而來，此種煞氣稱為「壁刀煞」。

近幾年來常被問及「壁刀煞」，它是如何形成的呢？

在你陽宅四周的樓房，有棟房屋的一整面牆壁與你的房屋成直角，因牆面如刀面一般所以稱為「壁刀」，而氣會因形而成煞，也就是說氣流會順著這片牆面朝著陽宅而來，此種煞氣稱為「壁刀煞」。

「壁刀」這個問題有時是不容易被看到的，而怎麼去研判「壁刀」的嚴重程度呢？基本的原則是：越高的樓層以及越長的房屋，其所製造的殺傷力就越強越大。

透過科學的觀點來看，「壁刀」的原理在於，氣流容易順著牆壁面直切而入，形成了強力的風切效果，如果與你家成垂直狀的是一整面的牆壁，就要注意了。但並非每個壁刀煞都有煞度，

如果兩棟相隔寬廣則氣就散，此就形成不了煞氣。就怕兩棟房屋距離太近則影響深，如果壁刀產生方位正好在衰方（北、西南、東、東南），那就形成加倍的作用，情形就非常嚴重了，會對此宅人有血光之災、意外傷亡等。

　　「壁刀煞」能避則避，壁刀之凶象不容小覷，不論在旺方或衰方都不宜，如果不幸住宅碰到壁刀煞，僅勸搬遷為宜。

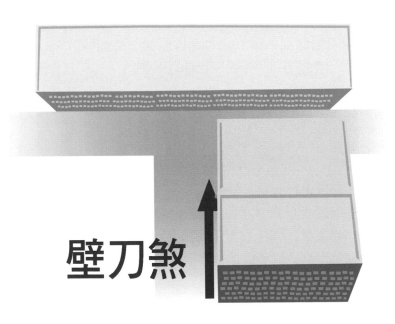

壁刀煞

何謂穿心煞？

穿心煞其實很容易解，只要將其氣流轉折即可。

穿心煞也就是坊間所說的穿堂煞，也有稱為穿胸煞，就是房前房後的氣口彼此相對，中間又無不透光之物體阻隔，簡而言之就是大門正對後門或落地窗謂之穿心煞。穿心煞之效應就是氣剛入宅，隨即而出，或前後都有氣入宅而形成相沖。

但是並不是所有門對門就會產生穿心煞，所以無須過度恐慌，那是要看氣流是否有穿梭其中；所謂穿心煞是要兩邊相對之門的外圍環境有氣流灌入。比如門外是空地或樓與樓的縫隙或空間，所衝入的氣流引起磁場混亂，這才能成為穿心煞，如果氣流沒有入宅，在屋內無法產生混亂的磁場，此穿心煞就無法成立。小窗戶也別擔心，那也成不了氣候的。

穿心煞若氣由前門衝入，代表明煞，事業在外容易犯小人，工作受阻且易有意外損傷，在思考判斷上容易出差錯，因混亂的

磁場也容易引起人事不和，公司裡職員容易勾心鬥角，人事變更無常，主管階級容易因氣亂產生情緒不穩，判斷錯誤，影響業務發展。

若住家有穿心煞，要注意心臟與頭部方面的疾病。如果穿心煞是來自宅後，小心事業上小人來犯容易被劫財。

穿心煞其實很容易解，只要將其氣流轉折即可，當然如果空間許可又不影響動線之下，要做出一個玄關的格局或是放置屏風也可以，穿心煞除了遮與擋之外別無他法，坊間的風水化煞器物，建議聽聽就好。

風水小叮嚀

　　風水擺飾物品林林總總，大多裝飾意味較濃，在購買前要審慎評估。

何謂夾心屋？

夾心屋的格局是兩邊為高樓，而住所低矮被夾在中間，遠觀像個「凹」狀。

所謂夾心屋的格局是兩邊為高樓，而住所低矮被夾在中間，遠觀像個「凹」狀，由於左右兩邊高於住所，就會產生壓迫之感。以公司來論，夾在兩高樓的中間，形同被挾持，對於此公司的事業發展，會有志難伸之感，公司裏的職員雖有才華但無法發揮，公司的作風呈現過於保守，而身為主管階級者雖然處事謹慎，但凡事想太多，而難於掌握機會。

以山法來講，左青龍、右白虎兩側皆高來壓迫，代表職員主觀強勢，權力在握，身為主管者無法制衡，此在風水學來說是「奴欺主」的格局。另一種是前、後高，也就是前朱雀、後玄武比較高，因前、後氣受阻，在事業上有如龍困淺灘，難以突破；原本後面有靠山是好格局，但前後包抄，則反而形成過於保守，推展不易。若以居家而論，則兒女主觀強，對長輩不尊敬，而戶長也過於保守，運勢不佳。

開龍門或開虎門？

大門重要在於不宜堆置雜物，要乾淨整潔，明亮為主。

大門，是住宅上的一個重要焦點。古人說：「千斤門，四兩屋。」大門是一家人由早晨到晚上，進出必經之處，與此家庭的吉凶、禍福有著密不可分的關係。如果大門設計得當，則能充份引進宇宙自然界的能源，獲得健康、智慧，以及在錢財、事業上等皆得到順利的發展。

門開的方位好壞攸關運勢，很多人會以開龍門或虎門來判定運勢，所謂龍、虎邊，現在被用來解釋為左、右邊，不論房子的方向為何，它的左邊一律稱之為龍邊，右邊稱之為虎邊；有很多人會選擇門開在龍邊，可能是自古「龍」被神格化，牠代表權力，代表威嚴，只要沾上「龍」字，就是正向的、富貴的寫照。

其實論風水，是要看「氣」，因為外來氣占有70％的影響力，而門是個納氣口，所以來氣若是屬「吉氣」，不論門是開左

或開右邊，只要是開在「吉氣」方就是好的，若不幸開在「衰氣」方，那就要想法去解。

　　大門是住宅納氣之口，只要能銜接「吉氣」，就算是「虎邊」又何妨，若是取「龍邊」但不得氣，對此宅仍是沒有幫助的，所以遷就於龍邊、虎邊的觀念有待商確。大門重要在於不宜堆置雜物，要乾淨整潔，明亮為主，當然更要注意來氣是「吉」還「衰」。

〜〜〜〜〜〜〜〜　風水小叮嚀　〜〜〜〜〜〜〜〜

　　大門是一間房子的門面，除了注意來氣的旺衰之外，大門的整潔及光線也是很重要的。

何謂剪刀煞？

風水學重視納旺氣避煞氣，若住宅有太多煞氣，那住在裡面的人，運勢自然比較低落。

指房屋位於道路Y字形分叉路口的夾角處，類似位於剪刀的刀刃口，而在夾角處興建的房舍，通常會受到煞氣的影響，此煞氣稱之為剪刀煞。

剪刀煞並不都是像坊間所講的殺傷力強的煞氣，主要還是要看外在環境，若陽宅位於剪刀口，但四周的房子都不高，所影響的氣就散了，殺傷力也就減弱了，對此宅就不具威脅力。

但是如果左右側的樓都高，整個氣都聚集在這條路上，當然對這岔口的房子就形成了殺傷力。

尤其最忌諱來氣是一衰一旺的雜氣，容易引起家人情緒無法控制，家庭不安寧，出外易有血光、意外災禍。當然以科學的論點來看，房屋對著道路，來車若是煞車不及，便有可能撞進房

屋，或擦撞周邊物品，造成意外或財物上的損失。風水學重視納旺氣避煞氣，若是住宅有太多煞氣，那麼住在裡面的人，運勢自然比較低落，影響到身心健康。

若是犯了嚴重的風水煞，還有可能因此有血光及無妄之災，甚至性命不保，所以風水環境還是有考量的必要。

何謂反光煞？

凡事還是中庸為上，旺方亮或動，固然可以增加能量，如果太過反而也會造成傷害的。

居住在大城市裡，雖然擁有便利的生活，但是面對的是一棟棟的高樓大廈，高樓的外觀就是居住者的景觀。曾幾何時許多建築物的外牆採用玻璃幕牆，雖然很具有現代感，但是那些折射的光線恐怕會造成別人的禍端。

過去的反光多是池塘、河流所造成的，當晃動的光影映在室內時，產生不穩定的晃動波影，對人的精神產生了刺激，使人不自覺的情緒緊張，久了就會產生恍惚的錯覺。

而現在都市所採用的玻璃幕牆，反光十分強烈，射進室內的光線非常的刺眼，這種強烈的光線最容易破壞室內原有的氣場，會讓人產生煩躁衝動的情緒，心神不寧，外出容易釀成意外。如果多棟玻璃建築物互相照射，就會造成磁場的混亂，這是風水的

大忌。或許有人會說室內明亮不是很好嗎？是沒錯，明亮的室內是好風水的條件之一，但若是太強烈的光射進來則會讓人不舒服，就好比人雖然需要曬太陽，但強烈的光線也會曬傷人。

不過這邊有個「但書」，也就是還是要依照方位來論，本書一直在強調的衰、旺方，旺方宜動、宜亮，衰方則宜暗、宜靜；話雖如此，凡事還是中庸為上，旺方亮或動，固然可以增加能量，如果太過反而也會造成傷害的。

風水小叮嚀

光線及動能對運勢都會有影響，在旺方，則帶動好運勢、增進財源，在衰方，則阻礙運勢，嚴重者有破財之象。

何謂天塹煞？

建築物的稜線及屋角所產生的氣流，往往是威脅健康及財富的禍首。

所謂的天塹煞是指建築物與建築物間的隙縫，又有壁縫煞的說法。

台灣高樓建物的密度很高，尤其是在都會區，建築物彼此間沒有緩衝的距離，建築物的稜線及屋角所產生的氣流，往往是威脅健康及財富的禍首。相信很多人都有這種經驗，當站在大樓的下方時，風勢會比站在一片空野之地要強勁得多，那是氣流碰到阻擋物會有反彈及轉折的力道。

天塹煞就是這種力道的產生，但是先決條件是，要有氣流進入才會產生煞氣，如果氣流沒有流串，那此煞度則不成氣候；也就是說，房子高度不夠高或此隙縫的周圍也有建築物擋住，氣流是不足以造成煞度的。

天塹煞的緣由在於它像一把利劍劈砍過來，其氣流迎面襲

來，風勢銳利，以風水病來說，在健康上易造成意外傷害，若以事業來論容易犯小人，也會因交友不慎而引起官司纏身。大都會中此種情況很容易碰到，所以想在都會置產的人士，購屋時要多留意四周的環境，買屋是需要步步為營。

無尾巷的住家不好嗎？

「死巷」，此種巷道一般人都認為是不好的風水，其實這依樓房的高度會有分別的。

所謂「無尾巷」就是陽宅處於巷內，而巷子只能單方面通行，進入的氣流無處可走，匯集於尾部，此俗稱「死巷」，此種巷道一般人都認為是不好的風水，其實這依樓房的高度是會有所分別的。

如果是平房或高度不是很高的樓房，又或者進入巷子的氣是屬好氣的話，那這好磁場匯集在尾部，對於巷底的住家其實是好的，代表有貴人可相助，家運、事業順心。

反之，衰氣入巷內匯集在住家前，這當然不好；但是有一種會令好磁場入巷內造成反效果的環境是，當樓房都很高的情況，因樓高會形成氣流太強，就算來氣屬好的磁場，也會造成意外損傷，如果來氣屬壞磁場，則運勢會加倍的低落，這也就是為什麼人們只要一談起無尾巷，都覺得是不好的風水。

現在有很多社區型的住宅，因要保有住區的隱密性及單純性，通常都建造成半封閉式，角落難免成為無尾巷；其實有些人反而喜歡無尾巷，因為人員進出較單純，左鄰右舍大多會互相照應。

但就風水的角度來講，在選擇上有幾點要注意：

一、巷子不要太長又窄，造成的氣流太強，煞氣自然也就大。

二、逃生路線要周全。

三、要留意房子的彩光及通風度。當然還是得衡量流串至巷內的氣是「好」還是「衰」。

風水小叮嚀

喜歡住無尾巷的朋友，建議您先了解巷底聚的氣勢好還是衰，如果是好氣，那恭喜你，可助你聚財；但如果是衰氣，就要小心你的財物嘍，千萬不要參與投資的行列。

購屋與運勢有什麼關係？

運勢佳，主要看自己的氣色，額頭的地方有亮澤的，代表運勢不錯，下巴是代表田宅。

現在年輕人，不管成婚與否，大多想要擁有自己的天地，過著不受長輩約束的生活。不論是租賃還是購屋，對於房屋的選擇應該都會是一件很慎重的事。

有很多人高高興興的搬入新居，但漸漸的出現事業不順、財運不佳、夫妻互動不良、家庭溝通欠妥、身體狀況欠安甚至鬼神侵擾之事也有所傳聞，為什麼呢？

選擇住處，當然第一條件是要自己看了喜歡，才會想要住在裡面，暫且不論風水問題，在挑選房子當時的運勢是最為重要的，而運勢也是影響挑選房子好壞的條件之一。

曾經有位先生找我去看他剛租下的店面，但我看他臉上的氣色暗，心想這間店面恐怕難經營，果然，店面處在幽暗的巷弄之

內，毫無風水可言。也曾碰過很多人，看了很多房子，但運勢不佳看中的房子大約也都不甚良好。

　　所謂運勢佳，主要看自己的氣色，額頭的地方有亮澤的，代表運勢不錯，下巴是代表田宅，若下巴的氣色也很潤白，那就表示此人可以找到不錯的房子，或者此人會碰到不錯的房屋仲介。如果找的房子是與家人同住者，可以看看家人裡誰的氣色最好，由他去尋找，自然可以找到理想的陽宅。

　　運勢的好與壞，對任何事都很重要，運勢好時，事事順遂，運勢不佳時，事事起伏就大。

　　每天早上起床，梳洗前先對著鏡子觀察一下自己面部上有哪些部位的顏色有變化，因為透過這些部位顏色的變化，你就可了解自己近期的運勢或健康是如何的，最怕是臉色成灰暗，此時就要多注意健康、財運及對事情的判斷。

法拍屋的『氣』不好嗎？

「不吉」的陽宅，只要經過改局，轉換磁場，
就可「風生水起」，好運來。

「家」一向是最為中國人所重視，隨著經濟的高低起落，造就了不少富豪，但相對的，也有人在金錢遊戲中落敗下來，甚至連僅有的「家」都遭到法院查封、拍賣，而成了「法拍屋」。

本人研究法拍屋數十年來，發現在法拍屋的陽宅格局，有50％以上是缺角屋，且與風水有密不可分的關連。造成法拍屋的原因大致有三種：

一、因債務而被法院強制執行拍賣以茲償還。

二、因家庭失和而導致住宅演變為法拍屋者，此項原因高達半數以上。

三、遭劫財或事業挫敗而導致破財成為法拍屋。

　　對於沒有太多經濟基礎的小家庭來說，一般房價是無福消受，而價差有兩、三百萬之遙的法拍屋，就成為他們的上選，但卻擔心買了又淪為同樣的光景，常會碰到這樣的憂心詢問。

　　基本上，法拍屋的風水並非都不好，有些只要改個格局，整個磁場就可轉換。現在的資訊這麼發達 法拍屋不再蒙上神秘色彩，越來越多人選購法拍屋，可見所謂「跑路屋」、「不吉屋宅」的法拍屋並沒有想像中那麼不吉利，只要稍作修改，將磁場轉逆為順，就可改善或提升陽宅效能。

　　「家和萬事興」，就算日子不好過，只要家庭成員能同心協力去克服困難，自然家裡的一切狀況都能迎刃而解！所以「不吉」的陽宅，只要經過改局，轉換磁場，就可「風生水起」，好運來。

風水小叮嚀

　　購買法拍屋前最重要的工作就是，要收集此屋的資訊，包括左鄰右舍的評價，再來衡量是否適合自己。

選屋要配命？

「風水」算是一門環境科學，對於該如何闡釋
這門學問，是須有相當的經歷及認知的。

一般人看風水大多著重在「求財」，但風水最早的出發點是
在於「平安」，古人常說「平安就是福」，擁有再多的錢但活得
不平安也枉然，社會上不是有很多有錢沒命，或有錢捨不得花的
人生嗎？！

有如此的人生或多或少也跟「風水」有所關聯。人生的每個
階段，從小孩、成長、工作、到老，無時無刻都與週遭環境的陽
光、空氣、水、色彩、溫度、電磁、輻射……等等因素接觸，這
些直接或間接的因素都能對人體產生生理和心理上的變化，尤其
健康和情緒首先受到感應，進一步就影響到人事關係、家庭和命
運，因此人們開始借助消災解厄之途。

在漢文化薰陶之下的中國人，「風水」這詞已完全溶入了生
活中，這也是從古代沿襲至今的一種趨吉避凶的術數，但經歷年
代的轉變，演化出多種門派，導致各說各話，甚至淪為斂財的途

徑,這也難怪很多人聞「風水」而卻步。目前坊間最常有的盲點在於「選屋是否要配人命」,這就涉及派別之說了。

就我數十年來的研究,先要以「氣」為論,現在的陽宅都是高樓大廈的形式,一棟樓少則四、五層,多則二、三十甚至上百層樓都有,同一出入口、同座向,住進去的人相信絕對不會是同樣生辰的人,況且每戶至少是夫妻兩人以上同住,那該如何來選擇呢?

再說樓層的高低,所受到的氣場也不同,或許座向搭配了人命,但樓層的磁場不佳,對你的運勢也是沒有多少幫助的;但是並非配命沒用,如果命中與此宅相配,而此宅又得旺氣,那無疑是錦上添花,祖上庇祐。

陽宅強調的是大自然磁場的影響,受好磁場影響,此戶的家人都會受惠,但若是衰的磁場影響,則此戶人家均會不安寧,所以選屋首重在「磁場」。另一個普遍的迷思在於「制煞」器物,常會看到門窗上掛有山海鎮、五帝錢、葫蘆……等等,陽宅都是感受磁場的好壞,磁場不平衡則陽宅就起變化。

這些「制煞」器物不能說都沒有用,因為它們也是會產生磁場,但是與大自然的空間相比,那是小巫見大巫,能起多大的功能,則自在人心,風水界裡真的具有制煞功能的是水和植物。有很多人找了風水師,卻又半信半疑,而且又喜歡道聽塗說,最後

導致「風水」起不了作用而對風水師有所慰懟，這對風水師來說是很不公平的。

更何況不管是遷入新居或整修裝潢，都是需要一段時間的運作，才能調整出此間陽宅與居住者的磁場互動。「風水」算是一門環境科學，對於該如何闡釋這門學問，是須有相當的經歷及認知的，當然風水師的選擇上就要很慎重了。

風水小叮嚀

　　坊間風水派系很多，因此產生諸多論調，在選擇堪輿師時，除了經驗要夠之外，與自己想法相符者為佳。

風水與人生，究竟有什麼關係？

「風水」算是一門環境科學，對於該如何闡釋
這門學問，是須有相當的經歷及認知的。

風水是華人文化的一部份，是中國一門獨特的學術，歷經幾
千年時代的演變，風水依然鮮活的流傳於民間。一般人對風水抱
有兩極看法，一則視為舊時的迷思、荒謬，一則是深信不疑。

不管信與不信，人生、老、病、死的旅程，婚喪喜慶的擇
日、購屋、入厝、安床、下葬、撿骨……等等，諸多的生活大小
事，或多或少都有「風水」相伴，可見在人的一生中，福祿壽喜
是生活的目標。

人無法選擇父母，無法選擇自己的生辰，「命」在呱呱墜
地時，就已註定有貧富貴賤之分，而運勢卻可以靠自己來創造。
「風水」在人生中可扮演什麼角色呢？人只要是活著的一天都需
要有個住處，而一定會選擇「吉屋」，如「吉屋出售」、「吉屋
出租」……這是中國人數千年來保有的觀念，大多數人還是會認

為，住宅的好壞與運勢有絕大的關係。但也確實是如此；有時我們看那商店，為什麼同一條街，生意卻有好壞之分？有些社區會有一邊住得平安、一邊卻爭吵不斷……諸如此類的現象不勝枚舉，這些都是因為磁場的影響所致。當然，風水也不是萬靈丹，人生在這天地間，吉凶禍福都是有個定數，而我們只是借「風水」來趨吉避凶，但並不意味有好風水就一定能帶來榮華富貴。

含著金、銀湯匙出生之命的人，如果有好磁場則可達到最理想的運勢，諸事亨通，但若這種好命之人，處在不佳的風水中，也會阻礙運勢發展；如果出生之命不佳者，可運用好磁場來增進自己的運程，但若運勢不佳又逢磁場不好，嚴重者則須注意災難、疾病、家人離散等不幸事件。

當然不能說人生的一切都起因於風水，努力打拼、行善都可積福，但人最少有二分之一的運勢都與住宅有關，風水當然就扮演著很重要的角色了。這個環境永遠受天地運行所影響，而人處於這天地之間，除了忙於生活、修身養性之外，應該多少還是需要了解環境的變化，因為環境的改變，磁場就跟著改變，相對的就影響了運勢。

風水的範圍太廣泛了，從無形的陽光、空氣、聲音、冷、熱……等等，到肉眼可見的色彩、建築物、櫃子、樹木……等等，哪一樣不都是跟人的生活息息相關呢，所以風水早就存在於生活中了，只是看懂不懂得善於運用罷了。

第二章 屋內問題要注意

　　門的重要，在於納氣的好、壞；購屋前要先去詳加了解此陽宅的四周磁場，再看門是否設立在吉方，門是關係到此宅的事業、財運以及六親的對待。

大門對著廁所該如何？

大門是屋裡屋外氣場交流的要道，在風水上有不可忽視的重要性。

依照陽宅理論來說，大門泛指玄關、入口處，在風水學裡稱之明堂，大門代表此宅主人的顏面，因為它是帶給客人對此主人及房子的第一印象，是屋裡屋外氣場交流的要道，在風水上有不可忽視的重要性。

古時候，廁所視為污穢之地，所以都會設在房屋之外不起眼的地方，但現在的住宅形式，因空間的需求越來越有限，有些陽宅將廁所編排在鄰近大門處，在風水學來講其實是很忌諱的。

先前提過大門是客人對這屋子的第一印象，一進門即看到廁所，對客人會有不尊敬之感，又依風水學理論，大門屬於貴人位，與事業及財運均有相關，廁所對著實是不妥。怎麼說呢，因為廁所是穢氣聚集之地，與大門相對，會引起來訪的客人心情不佳，會影響到你的貴人容易有情緒性，出外洽商也會不順，對於

財運而言，財氣不聚，容易遭人劫財，而自己回到家也心情不穩定，與家人容易爭吵，又廁所若沒保持乾淨也會有損健康。

　　如果不幸選擇到的房子正好大門與廁所相對，那我們就要選用門簾或櫃子、屏風甚至裝潢的方式來改變相對的窘境，而且要注意內部空氣的對流及除濕，維持內部的整潔。

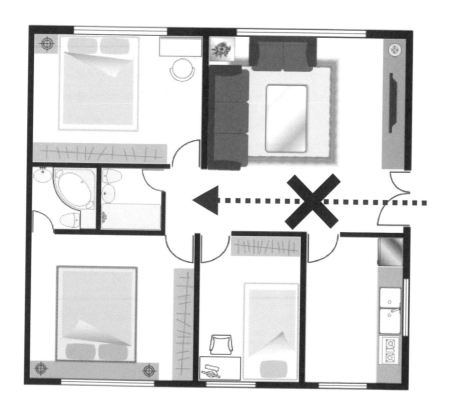

廚房門對著大門不好嗎？

廚房是烹調食物的地方，一家人飲食皆出自於此，所以廚房風水的好壞與健康、財運都有關係。

廚房，是管理一家人身體健康的地方，在風水學裡它也代表人緣，也是個財庫；怎麼說呢，在古時候，食糧大多置放在廚房，糧多代表富有，所以廚房大多設置在宅後，當然就是不希望自己的財力外露，因此在風水學裡，將廚房論為財庫。

廚房是烹調食物的地方，一家人的飲食皆出自於此，所以廚房風水的好壞與健康、財運都有關係。

現在居住空間越來越狹小，建商大多以開放式空間來設計廚房，很多都是一進門就看到廚房，難免就有門對門的狀況，或甚至廚房客廳共用，這也等於把財庫露了白，容易影響財運不佳，也易造成夫妻因財爭吵，所以很多人以為是門對門的影響，其實是因為財露了白容易被劫財之故。

　　姑且不論廚房的風水，光是一個「通風」要點就很重要，廚房是個冷熱交織之地，如果通風不佳勢必影響烹調者的健康，輕者腰酸背痛，嚴重者體弱多病，所以廚房在陽宅風水裡是個很重要的場所。

　　如果再配上吉凶磁場來論，受吉氣影響時則越煮家運越旺，受衰氣影響時，易造成財運窘迫身體欠安。所以坊間出現有很多關於廚房的擺設與禁忌的論法，可見廚房的風水佔有多重要的影響力。

風水小叮嚀

　　爐具最好放在旺氣方，越煮運勢就越佳；但切記，通風要好，不要緊鄰水槽，風水上說『水火不相容』，其實是安全性問題。

大門與陽宅有什麼關係？

大門還是應著重在四周所帶來的『磁場』是好，是壞。

現在社會型態轉變，相對的建築也大不相同了。古時的建築大多是自己獨棟的房宅，會請風水師為自己的住宅勘查規劃，配合命盤來選個吉位，作為大門的位置，而現代的陽宅幾乎全由建設公司規劃，一整棟樓就是固定同方向、同個出入口，如果要用命盤來選擇陽宅，此法似乎已不適用於現在的建築型態了。

人的命格各有不同，共同住在同一棟大樓，設同樣的門，開同樣的窗，是否會因不同命格產生不同運勢呢？

答案是「不盡然」，因為同一棟大樓四周的環境是一樣的，所感應的磁場也大約相同，所以不論是哪種命格的人住在同一棟樓裡，感受到的大約相同，所不同的是在於樓層差異與左右環境之分以及內部格局，總言之還是外在環境影響最甚。

　　而門的重要，在於納氣的好、壞；購屋前要先去詳加了解此陽宅的四周磁場，再看門是否設立在吉方，門是關係到此宅的事業、財運以及六親的對待。

　　如果大門是開在吉位，則可影響居住者出外平安，事業得貴人相助，如果磁場旺的話甚至可帶動財運，家人的互動也良好，但如果開在衰方，那會阻礙運勢，是非就多，家內也紛擾不斷。

　　坊間對「門」的風水論法很多，大都建議在大門處一定要明亮，這話雖然沒錯，但須注意方位的旺衰，大門納入的磁場是好的，明亮更能帶動這好磁場，相對的如果納入的是衰氣，如果再加上明亮，那好比火上添油，所以大門還是應著重在四周所帶來的「磁場」是好，是壞。

風水小叮嚀

　　大門不管是位在旺方還是在衰方，最主要要整齊清潔，因為它是代表這戶人家的門面，如果大門亂糟糟，那此戶人的理財也一定亂糟糟。

大門與室內好壞怎麼看？

大門是帶動磁場的主要氣口之一，也是左右運勢的要素，所以來氣很重要。

大門的位置是關係到全家大小的興旺，也是磁場的引入口，在居家而言是訪客的第一印象，對於公司而言，是公司的門面。換句話說，當大門是位在吉方的話，可引進好的磁場，可增進與客戶洽談事業的契機，公司的業務發展也會較順利，門位在吉方，也能影響出外的運勢。

通常住家的規劃，大門進入就是客廳，而客廳的面積又比其他房間大，所以客廳匯集了磁場，大門與客廳也是全家大小必會相處之地，也是凝聚家人能量的地方，當位在吉方的大門引入好磁場而聚集在客廳，由此可牽引全家大小的互動，家內呈現一團和氣。

但如果大門的方位不佳，引進宅內的磁場氣亂，則容易造成六親溝通困難，各有主見，對家庭或公司的認同感不夠，事業

難成，財運不佳。這也是大門在風水裡占了舉足輕重之地位的因素，因為門一開一合，是室內磁場的最大來源，來源是旺氣則全家順遂（除非有相沖），來源是衰氣則家不安寧。所以大門應該要開在旺方，有的房子適合開龍邊，有的房子適合開虎邊，有的房子卻非開中間不可，全憑旺氣由何方來，這樣才能將「好氣」引入。

有句話說「家和萬事興」，除了個人修養問題之外，最大的影響還是在陽宅的磁場，大門就是帶動磁場的主要關鍵之一，也是左右此家人運勢的要素；有人認為用命理來配對，我則建議選擇一個好氣口較重要。

門在風水裡占了舉足輕重之地位的因素，因為門一開一合，是室內磁場的最大來源，來源是旺氣則全家順遂（除非有相沖），來源是衰氣則家不安寧，所以大門應該要開在旺方，有的房子適合開龍邊，有的房子適合開虎邊，有的房子卻非開中間不可，全憑旺氣由何方來，這樣才能將「好氣」引入。

風水小叮嚀

　　如果大門不幸設置在衰方，也不用緊張，可以做一個玄關的空間減緩衰氣，甚至讓其轉化為旺氣。

門的忌諱有哪些？

大門在風水學來說稱為「明堂」；自古以來，
風水重視的就是明堂。

前些篇已提過陽宅大門是接納外氣的樞紐，也是住宅的顏面，更是劃分內外的屏障，在風水學來說稱為「明堂」。自古以來，風水重視的就是明堂，因為明堂不但代表顏面，也關係到事業、交友、財運、貴人等，所以不能等閒視之。

開門最重視的就是外觀景緻，有些公司喜歡在門外設置山石，大小不等的石頭陳列，或許美觀但在風水學來講，稱之為「破碎」，破碎的明堂對此家人或公司會有交友不慎、易逢小人、事業無貴人等的影響。

尤其有如刀面的尖銳形狀，那更要注意有血光之災了。現在是個地窄屋稠的狀況，通常一層樓少則兩戶甚至多戶的規劃，家門對著樓梯、電梯或兩門相對，這是現在一般的現象。

　　先說樓梯的關係，如果樓梯是向下的方向，風水學稱為「順水流」，顧名思義就是順著水勢流走了，意味著錢財守不住，如果樓梯是由上層往自家門而來的呢？

　　這就要看此方位的旺、衰了，如果旺方當然好，正好銜接旺氣入宅，但還須看家門與樓梯的距離是寬還是窄，如果窄則氣太沖，對居住者反而產生不良的影響，可是如果在衰方，就要小心暗箭難防；再論電梯，很多人都擔心電梯的問題，事實上家門口與電梯相對並非全都不好，還是要以卦位來衡量。

　　電梯是最易產生氣動的機具，在好的卦位當然可帶來好磁場，怕的就是位於衰方則越動越糟；再來說說門對門的格局，其實門對門並無所謂實質上的利害關係，只因兩家相對，以卦理來說必有一好一壞之區別。

　　有些居住者會為本身利益，在門上掛貼些宗教符籙、化煞之物等，難免影響另一方心理感受，因而產生了門對門犯沖的心態，其實這是四周環境影響的，而磁場本來就有一邊好，另一邊就趨壞的分別，實際上與家門互對並沒有多大關連性。

客廳要注意什麼事？

有些人喜歡把客廳當餐廳用，其實是不妥的，

因為這意味著錢財露白。

客廳是客人來訪時最重要的空間，也是一家人相聚最多時刻的地方，也是氣場最活絡之地。當我們在客廳裡，眼裡所見的，心理所感受的，都會潛移默化地影響我們的身、心、靈，所以客廳磁場的好壞關係著家庭的和睦及家庭的運勢。

客廳在陽宅裡面是算空間較大，聚氣也最多的地方，通常一般人也最重視客廳的採光，光線充足則一家和樂融融，光線陰暗則往往帶來抑鬱的生活。另一個就是客廳的色彩，如果是光線不足的客廳，在設計方面就需要用清爽的顏色來改善，用對了色彩，每天面對著客廳，心情也會倍覺舒適。客廳當然少不了沙發，沙發的放置也有兩個要領。

首先沙發應放在看得到客人進門的地方，切忌背對客人，一來代表禮貌，二來不知來者何人，想必就會坐得不安心；其二，

如果住宅旁有斜坡或溪流，那麼沙發位置不要順水走，因為在風水學來說意味著錢財被帶走！

有很多人喜歡購買雕塑藝品或古董回家擺飾，切忌不要購買有尖銳的雕塑藝術品，在風水學裡這些尖銳物有尖煞的問題，姑且不論風水，這些尖銳物也往往是意外的來源，還是小心為妙，至於古董，因歷經許多年代了，請記得要先化氣，否則對屋內的人多多少少還是會產生影響。

有些人喜歡把客廳當餐廳用，其實是不妥的，因為這意味著錢財露白，而且吃飯配電視，也會影響身體健康，以及家人的凝聚力。

但是現在住宅空間的狹小，很多建商將廚房、餐廳規劃成開放式與客廳共用一個空間，那我們就必須要把廚房、餐廳、客廳隨時整理乾淨，保持清潔，用餐時間完畢馬上就要把碗筷收拾好，讓客廳還是保持客廳該有的清爽，對人際、事業、財運才有助益。

餐廳與廚房最忌諱什麼？

　　陽宅學來講，廚房好比撲滿，若風水好，就容易將錢財守住。

　　餐廳是吃飯的地方，有飯吃表示有錢財，所以餐廳又論為財庫。再怎麼不回家吃飯，跟「錢」有關的餐廳也要維持一定的好風水。如果餐廳亂糟糟，那表示此家人不會理財，如果餐廳當廢墟，那財運一定不好，如果有人習慣客廳當餐廳用，那表示錢財露白了，這樣錢還儲存的起來嗎？

　　但是台灣土地，寸土寸金，房子的空間都小小的，餐廳大多與客廳同處一室，其實只要不犯忌諱，保持乾淨，倒也沒什麼大礙。所謂忌諱，就是不要對到廁所，因為廁所是聚集穢氣的地方，餐廳對著廁所，難免受穢氣影響，會對於居住者的腸胃系統造成不良反應。如果真不幸餐廳正好對著廁所，有兩個方法可減輕穢氣沖出的情形：

　　一是可置屏風。
　　二是在廁所門上掛上簾子，也隨時養成關門的習慣。

　　同樣的，吃飯時如果光線不對、桌上又亂七八糟，就容易影響到食慾，也間接影響身體健康，所以餐廳燈光不能太暗，也不要太亮，適中最好。

　　廚房，是存放食物的地方，就陽宅學來講，廚房好比撲滿，若風水好，就容易將錢財守住，所以廚房也論為財庫。廚房也能顯示健康狀況，原因在於我們所吃的食物都是在廚房烹煮的，所以廚房風水好，財運跟健康自然會改善。

　　廚房首要注意的是通風，廚房的熱氣要能充分散掉，以免煮飯的人被熱氣壓迫，影響到健康，如果廚房通風不佳，可裝抽風機或改成開放式，盡量讓廚房空氣流暢。另外注意瓦斯爐與冰箱不要相對，因為冷熱相對，會對屋主帶來腹部的不適，瓦斯爐也不要設在通風處，易引起下廚人腰痠背痛的疾病。

　　坊間有種說法說火爐與水槽不可太近有水火不相容的說法，這點本人存保留態度，因為一般習性都是經由水槽洗切蔬果再下鍋烹煮，如果水槽緊鄰火爐，缺少個調理位置，當然就有不順手的感覺。

　　再就是水若噴濕了火爐，有可能造成意外，所以當然建議水槽與火爐不要太近，其實廚房的風水重點在於火爐的方位，因為火爐也是一個動能的來源，既然是動能，那當然設置在旺方，才能引動旺氣，反之就衰。

大多數的人都以為風水很玄，其實風水顧名思義就是講風和水的組合，也就是大自然的基本元素。

　　每個人都知道微風吹來很舒服，強風吹來讓人受不住，風水就是依據這自然定律配上八卦而論的，是很科學也很自然的。

　　就像良善的廚房煮出好味的食品，坐在舒適的餐廳裡享用，食慾自然大增，心曠神怡，吃得健康自然身強體壯，精神百倍，人心情好自然煩惱就少，煩惱少自然事事平順，運勢也可平步青雲了。

風水小叮嚀

　　一個好的用餐環境可以凝聚家人的心，提升家的運氣，並輔助財運。

親人臥室，怎麼安排？

不管住宅裡有幾房，要先去了解陰陽位置。

　　一個家庭的組織當然不止兩個人，除了增進家人感情的客廳之外，其每一家人都會想要有自己的獨立空間，現在的陽宅規劃大多是三房或四房一廳，已不能像古代左青龍、右白虎的劃分了。一般共住一間陽宅時，最大間的臥房通常是當作主臥室，而子女臥房則隨機安置。

　　風水學說裡，方位由八卦來定，卦有分為陰、陽卦氣，也代表方位有陰陽之分，而卦又可代表六親，以卦顯示的方位及六親分別如下：

　　西北方屬乾為父，西南方為坤為母，東方屬震為長男，東南方是巽為長女，南方屬離為中女，北方為坎為中男，西方屬兌為少女，東北方是艮為少男。不管住宅裡有幾房，要先去了解陰陽位置，通常一家之主最好以西北或西南為主，但是如果與父母

同住者，則西北或西南就屬於長者位了，但是依照現今流年的運勢，房間還是選在旺氣方位較好，也就是西北、南、東北、西，這四方位。

還有另一種論法是以八字來配合方位，比方說八字缺火者，應選南方或東方來輔助，缺木者，選擇北方或東方來助身，缺金者，以西方、西北、東北為適宜。

缺水者，選北方、西方、西北來相生，缺土者，以南方、東北方來輔助，這是命理配陽宅的論法，但是最重要的還是在於「氣」，有「氣」才能引動磁場，才可有完美的配合。

風水小叮嚀

一整天的疲勞都藉由房間來充分休息與補充能量，所以房間的採光要柔和並通風，才能達到休息之效。

窗與風水怎麼看？

窗戶是陽宅的眼睛，那窗外的景觀也是風水的
要點。

陽宅風水最重視的就是光線和空氣，窗戶就是最主要的光
線來源，窗戶和門都是引入氣流的管道。窗戶又被視為房子的眼
睛，透過它引日月星辰、山水之靈及無數的磁場，聯繫屋內與屋
外，因此窗戶佔了非常重要的作用，它的種類、形狀、方位對風
水都產生影響。

現在人基於安全與隱私，大多門禁森嚴，屋內的採光全部
仰賴窗戶的位置與尺寸，窗戶能引氣進入，但也會造成氣亂的問
題；風水講究的是「平衡」，窗戶的面積過大或數量太多，那就
會產生不平衡狀態，引起氣雜，這在風水觀點上就不是好現象。

既然窗戶是陽宅的眼睛，那窗外的景觀也是風水的要點，因
為氣流的吉凶是因四周的景物而變化的。現在的住宅形式，放眼
而去看到高樓的機率應是很高的，遠則無妨，樓房切忌太近，將

會造成磁場無法流通，氣不順暢；商店匯集的地區，閃爍的霓虹燈難免也會投射入宅內，五彩繽紛的燈光甚是美麗，但小心引起居住者脾氣上的轉變，容易暴躁。

如果窗外有電箱，則容易造成居住者精神上的耗弱，也最好避開屋角、尖銳物等，窗外景物的美觀與氣流，都是影響身心的因素。

窗最主要是流通空氣，但很多建築設計成密閉式的窗戶，雖然採光佳，但影響空氣的流通，當然有人會說有空調啊，畢竟空調不是自然的，無法給予人體的所需，反而易影響健康，窗的選擇還是需要能開關為好；風水講的就是光和空氣，有光線的進入，又有空氣的流通，對人的身心才會產生能量。

風水小叮嚀

窗戶是磁場進出的主要通道，當然衰、旺很重要，開在旺方固然好，開在衰方時，可借助窗簾或擺設樹木來改善磁場。

壁癌是壞風水？

房子濕氣太重對身體有不良影響。

　　一間陽宅，不以風水來論的話，光線與通風是最主要的問題，通風是否良好，對居住者的身體是有相當大的關連性。會有壁癌產生，除了施工材料的問題之外，絕大多數都是濕度重，而濕度重大多都是因為通風不良及光線不足所引起的。

　　我們人體本身會產生熱度，自然會吸收水氣，而處在濕氣重的地方，吸收太多溼氣，容易造成風濕症，而當身體狀況不佳時，相對的會影響到運勢及財運，這種通風不良、光線不足的地方當然堪稱風水不佳了。

　　溼氣重除了易引起風濕之外，因容易孳生黴菌，所以也會引起皮膚病與呼吸道的疾病，尤其是最忌臥室濕氣重。現在人很喜歡規劃套房，房間裡有衛浴設備的確很方便，尤其是深受單身女子的青睞，但是通風問題及光線就不可不謹慎了。

風水講究的是良好的居住環境，居家環境一好，身體自然健康，運勢也會比較順遂。

如何了解自己房子是否濕氣重呢？

第一、看牆壁是否斑剝或發黑，這是水氣重而引起的。

其二、可摸摸自己的棉被，若蓬鬆度不夠含有濕潤的感覺，那就代表居住地濕氣重，可就要改善環境了。

但如果因為種種因素無法另起爐灶的話，建議做一道木牆，因為木板可吸水氣，化解溼度，再不就是開除濕機了，但除溼機也必須適當的使用，太過乾燥對身體也不好。

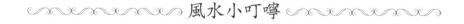

風水小叮嚀

　　購屋前先看看建築物的外觀，如果呈現黑黑的發霉之狀，那顯示此屋通風不佳或此地區濕氣重，那就要注意了。

漏水關乎風水？

> 在風水上，水確實可「管」財，但不一定有水
> 就會有財。

漏水，相信是許多人的夢魘，除了修繕煩雜之外，當然一筆開銷是免不了的，故而漏水即是漏財之說不脛而走。

在風水上，水確實可「管」財，但不一定有水就會有財。好水固然能帶來錢財，厄水則代表會招致破財的災厄。所謂的「好水」，就是指向自家流過來的「水」，在山法來說是「來水」，來水要長且遶明堂，站在陽宅風水的理論，此表示財源廣。

何謂「厄水」呢？以外在環境來說，順水流代表錢財順著水流走了；而居家的漏水，一般來說除了會破筆錢財之外，也會導致人的循環系統、呼吸系統及消化系統等方面出現問題。

又可依卦位來分，如漏水的地方是在西北方則代表家中男主人花錢豪邁或因長輩而開銷大，如果西南方漏水，則表女主人不

擅理財或常犯腰酸背痛之症。如在西方與東南方有漏水，則影響智慧，常做出錯誤的判斷，在北方漏水，則全家大小容易有風濕及小毛病，南方漏水，則守財不易，東北方漏水，小孩容易有皮膚問題等等。

房子有滲水的情況時，大多數人會覺得無關緊要，以為小漏不會影響生活作息，但是殊不知，放任的情形下，不但會造成房子的結構慢慢出現更大的問題，久而久之，我們的身體及心理也會被這些漏水的情形給深深影響！

所以，小錢不能省，為了家人及自己，還是要盡早處理才行！

風水小叮嚀

漏水問題，小處就要著手修繕了，免得大漏時，不僅影響健康也瘦了荷包。

書房與書桌

　　書房與書桌是唸書、思考的地方，先決條件在
於潔淨、明亮。

　　書房是學習思考、運籌帷幄的場所，作為開啟智慧、凝神靜氣的重要所在，必須能夠具有良好的位置。書房通常也會讓人聯想到文昌位，很多人都以為書桌擺在文昌位就可，文昌位真的就如坊間說的位置嗎？

　　文昌位是依據宅向來定位的，宅向不變文昌就不變。

　　依現今年運的走勢，文昌位應是在陽宅的西方，但若不幸的西方是陰暗無光，那也決不是文昌的好方位。書房與書桌是唸書、思考的地方，先決條件在於空間的潔淨、明亮。

　　有好的書房風水會讓人在這裡讀書用功、思路清晰敏銳、精神集中，所謂好的書房風水就在於是不是有旺氣來影響，如果有好的磁場那當然就事半功倍了。

一般人通常都會將書桌擺在窗戶旁，雖然採光不錯，但從人體的角度來說，眼睛向著陽光容易傷到眼睛，桌上燈光太強也容易使眼睛疲勞，而且如果桌位背後就對著門或背後是走道，這會讓人沒有安全感、心神不寧、無法專心。

　　書桌也不宜與床舖相鄰，因為會讓人看沒幾分鐘書就想躺下，再下去就是睡著的份了；書房也不宜置放太多雜物，很容易分心。

　　還有人說書桌背後要放櫃子，才有貴人提拔，但本人認為櫃子放背後是產生一種安全感的作用，是不受干擾的作法，可穩定心情讀書或思考，至於「貴人」，參考參考吧！

風水小叮嚀

　　想擁有一個思緒源源不絕、思路清晰的地方嗎，先找房子的旺氣方在哪裡。

缺角的房子不好嗎？

房子就如身體一樣，缺了那一部分都會為生活帶來諸多不便。

中國人對任何事物都講求圓滿，圓滿就是不能有殘缺。不管信不信風水，一般對房子好壞的觀念都是房子最好是「正正方方」的格局。

中國古文化中的四合院，設計上取其四方形的建屋，象徵四平八穩。但在現代的都會中，很難找到一間屋不缺角的，或地形關係，或設計師的創意，各種格局都有，有些雖然美觀，但如果有缺角的情形產生，那與風水就有關連了。

在風水文化來講，所有事物都有一個太極，有太極就有八卦九宮。拿房子來說，以房子的中心為太極點，中間部分是中宮，以子午線分南和北，北面屬於坎宮、南面屬於離宮、東面屬於震宮、西面屬於兌宮、東北面屬於艮宮、西南面屬於坤宮、西北面屬於乾宮、東南面屬於巽宮。

每一個宮都有自己的五行屬性，並代表不同的寓意。

房子就好像人的身體一樣，缺了哪一部分都會給生活帶來諸多不便。房子缺了一個角，在五行中這方面的磁場就亂，尤其現在都是高樓大廈，高樓的牆面會影響風氣凝聚在缺角處，形成一股風煞，如果這個角是非常重要的，那對我們的生活影響就大了。到底有多大的缺口才稱得上缺角呢？就是建築物的一邊短缺三分之一以上。

上述提到房子好比人的身體，而缺角也會影響人身體上的不適，如：缺角在東邊，家中成員容易產生足部、腳部的疾病，缺角在西邊，家中成員容易產生肺部呼吸系統的毛病，缺角在南邊，則容易產生血液循環，或引發心臟、血管方面的疾病。

缺角在北邊，容易引起腎臟、膀胱等泌尿系統疾病，缺角在東南邊，容易產生肝膽及坐骨神經毛病，缺角在西北邊，容易有頭部的毛病，缺角在東北邊，容易手、腳、脊椎方面有毛病，缺角在西南邊，容易產生腸胃、腹部、頭部等疾病。

所以缺角的房子不但帶來磁場缺陷，也會影響到身體健康。

缺角在東方，要注意什麼？

一棟房屋東方有缺角，東方在八卦為震，六親論為長男。

一棟房屋東方有缺角，東方在八卦為震，六親論為長男，就是住宅中的長男或30～45歲的男性，會有患得患失的現象。

因為屬於他的磁場缺了，但如果有光線進入，則出門在外人緣佳；可是如果缺角的東方位接收不到光線，這位住宅中的長男或30～45歲的男性，個性上偏於保守又固執。

缺角的位置最忌諱有斜坡，以風水角度來說，好比順水流走，這在任何陽宅形式上都是不佳的，代表在外投資事業會因犯小人而失敗，嚴重者易引起官司。

因為在東方缺角又逢斜坡，易造成磁場混亂，在外交友不正，容易掉入聲色場所或處事取巧投機。如果是公司行號，則公司的男性主管處事不穩定，容易發脾氣，主觀強勢又固執，在外

易行為不檢，行蹤難掌控。這些都是因為外在環境及缺角造成的氣流混亂所影響的。

因為缺角在東方，卦位隸屬於長男、管理階層或30～45歲的男性，因屬於此卦位的人在於磁場上得不到平衡的狀態，而產生出風水上所謂的失調現象。

風水小叮嚀

缺角造成磁場分部不均及不穩，導致人在其中受磁場散亂影響產生的不良現象。

缺角在西方，要注意什麼？

　　缺角又怕橫跨兩個卦位，就是缺了約三分之二的範圍，容易造成氣場混亂，會引起屋內是非之災。

　　房子的缺角在西方，於卦位來說，西方屬兌卦為少女，也就是年輕女性或家中的老么，在易經理論也解釋為文昌位。所以此方位若缺角又陽光不足時，會影響到居住者的思想及智慧；但若光線充足時，到是無妨。

　　缺角部分最怕陽光不充足，如果家中正好有求學的小孩，那就會影響到課業；若以公司來論，西方光線不足，會影響到公司人員的思考，會因此時常做出錯誤的決策，導致人事常變動，人才外流的情況，尤其是較年輕的女性，雖有才華但難一展身手。如果西方光線充足，則家庭裡少女得人緣，乖巧伶俐；公司上，年輕的女性才華洋溢，思路清晰，企劃一流。

　　缺角又怕橫跨兩個卦位，就是缺了約三分之二的範圍，這容易造成兩氣交雜，氣場混亂，會引起屋內紛紛擾擾，是非之災。

缺角在南方，要注意什麼？

在缺角的地方設置樓梯，若正好在南方部位，
以公司來說，易造成「奴欺主」的格局。

南方的卦位是為離卦，在六親論為中女，也就是20～30歲間的女性或家中的老二；如果這缺角在南方，則此屋內的中女個性保守、固執，而且身體方面較會產生頭痛的症狀。

如果這樣的房子當成公司使用，則老闆或主管會較無主見，沒有下決策的魄力。

有很多在缺角的地方設置樓梯，若正好在南方這個部位，混亂的磁場加上樓梯，以公司來說，容易造成「奴欺主」的格局，在八卦裡，南方又可解釋為「負責人、執行者」，南方缺角代表負責人無主見，而樓梯在此，每天受人踐踏，則形成職員藐視主管，主管無權威可言，而20～30歲間的職員也固執不易溝通，容易影響到整體公司的運作。

缺角在北方，要注意什麼？

陽宅的缺角，也會因四周環境磁場改變而有所變化。

北方，在八卦裡屬坎卦，在六親論為中男，也就是20～30歲間的男性，北方缺角對中男有何影響呢？

缺角所造成的磁場不平衡，影響中男在家孤僻、沉靜、與世無爭之感。若公司的北方有缺角，則財運容易出現狀況，20～30歲間的男性職員無鬥志。

陽宅的缺角也會因四周環境磁場改變而有所變化。

有位客戶住一棟坐西南朝東北的房子，北方缺角，前方有個空地，本來夫妻倆人安寧祥和的居住在此，雖然男主人略嫌保守，但兩人一直以來相安無事，但自從房屋後方蓋起了一棟大廈，整個磁場氣流改變。此後男主人的脾氣漸漸的火爆，夫妻常為細故爭吵不休，就此婚姻亮起了紅燈，原因在於陽宅後面的

「氣」被擋的關係。唯一接收的氣是「北方」，而北方現在元運是為衰氣，又為男性之卦，雖然缺角，但因後方的大廈而使北方氣變強了，所以住宅男主人脾氣轉變了。

一間房子的磁場是隨著四周環境在改變，所以房子的運勢也會隨四周的磁場轉換，所以買屋、租屋都要先了解四周的變化。

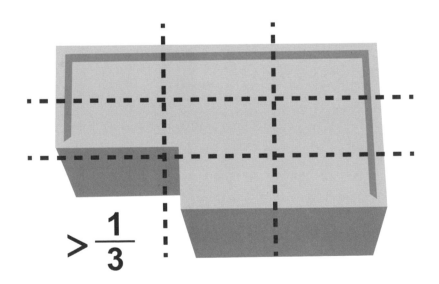

缺角在西南方，要注意什麼？

西南在卦位上屬坤，坤卦在六親中代表老母親。

西南在卦位上屬坤，坤卦在六親中代表老母，也代表家中的女主人或46歲以上的女性。女主人是家中的重要成員，在家裏占主要地位，缺了這個角會影響女主人的地位，對事業，身體或者是婚姻都有很深的影響。

住家的西南方缺角，女主人個性保守、固執，在身體方面腹部腸胃或子宮方面較會出毛病，如果西南氣場強的話，宅運多不順，而女主人會主觀強勢、急躁，住在西南缺角房子的男性，會比較晚婚。

在風水理論來講，依現在的運勢，西南氣是屬於「衰氣」，氣不宜太強或聚集，若氣太強，則宜在西南方位設置水池或魚缸，來轉弱煞度，但大小須4尺以上才能平衡磁場，而且水需安靜，最好不要有水流聲，因為聲音容易牽動磁場造成氣亂，會耗弱居住者的精神，家內不寧。

缺角在東南方，要注意什麼？

　　以公司而言，東南缺角，顯示公司缺少文書位，在企劃方面略顯微弱。

　　東南在八卦裡屬巽，在六親裡論長女或30～45歲的女性；住在東南方缺角的房屋，如果遇到沖煞，就會產生不良影響。

　　因為依照現今的元運，東南方是為衰方。東南方位缺角如果又氣強，此種房子不但不利家人運氣與健康，而且易犯盜賊與曖昧之事。

　　巽又論為文昌，如果磁場強，雖然此宅的女孩在讀書方面不錯，但無法專心以致成績不理想，又略帶神經質，而且擅長運用小聰明招惹是非；住此宅之人也容易犯有腸胃、肝膽、氣管方面的毛病。以公司而言，東南缺角，顯示公司缺少文書位，在企劃方面略顯微弱，女性職員會有無法一展長才的感覺，且公司內部是非、口舌不斷，人事也不穩。

缺角在東北方，要注意什麼？

　　一樣的缺角，配上不一樣的外在環境，所受到的影響就完全改觀。

　　東北方在八卦來講屬艮卦，在六親論為少男，也屬20歲以下的男性或老么。住此宅之少男，個性沉靜內向；若論公司，年輕男職員不得志，不易受上司的賞識；出外容易有手、腳上的損傷。風水論點一再的強調，陽宅是要與四周環境來區分它的好壞，並非每間缺角屋都不好，如果有逢「旺氣」者，反而會將好氣凝聚於缺角處。

　　就好比東北方，在現在元運屬於旺方，如果得氣，即便是缺角，它也存有好磁場。我曾為一家公司看風水，這家公司正好是東北方位有缺角，好在四周樓房均一，地勢平均，東北方位有一座公園綠地，正好東北氣進入此公司。此公司受這旺氣影響，年輕職員個個活潑有衝勁，甚得老闆的賞識，公司的業務也常受貴人的相助，同事之間相處融洽，但唯獨職員常常手腳出意外。可見一樣的缺角，配上不一樣的外在環境，所受到的影響就是完全改觀。

缺角在西北方，要注意什麼？

西北在八卦來講屬於乾卦，六親論為老父親。

西北在八卦來講屬於乾卦，六親論為老父，是為男主人或四十五歲以上的男性。西北缺角代表老父有損，或在家保守，家中財運消滯，身體上多犯頭部及心臟方面的疾病。

一間房子的好壞首重於外在環境；西北方缺角，但如果有光線進宅，則此家中長輩或男主人個性隨和，在外人緣佳，因為西北現在元運屬旺方。

但是如果四周有樓房擋住了此宅，則住在此宅的男主人個性偏固執、保守且影響思考；於公司來論，代表此公司的四十五歲以上的男性職員或主管、老闆，思慮欠周全，易作出錯誤的判斷而損及公司業務；如果在缺角部位設有樓梯，那此公司的主管或老闆就沒有權威，管不了部屬。

有鐵窗好嗎？

坊間稱「鐵窗」代表被「囚」住了。

　　台灣應該是全球裡裝有鐵窗最多的國家，走遍大小城鄉，不論是嶄新發亮的或生鏽斑駁的鐵窗隨處可見，好像沒有鐵窗就失去了保護；反觀國外，他們會精心的裝飾窗檯，種上五顏六色的植物，完全沒有金屬枝條的遮蔽。

　　台灣人真的活得這麼沒有安全感嗎？亦或是台灣的治安如此的差呢？在古代沒有「鐵窗」這產物，有的是「木窗」，多以雕樑畫棟呈現，那是一種藝術，曾幾何時冰冷、單調的鐵製品取代了這些富涵文化氣息的藝術品。

　　鐵窗圍繞著屋宅，感覺就像是人居住在囚籠裡，這在現代風水學裡加了一項「不利」，代表人被「囚」住了有志難伸，如果來氣為旺氣卻碰上密密的鐵窗，使得氣進入不易，那真正的是可惜了這帶來好運的磁場。有很多人是在外牆搭出鐵窗，又置放雜物，由外看形成破碎狀，借用山法來解說，如果陽宅對到破碎的

建築物，居住此宅之人，在外易遭小人阻擾事業不順，且會有意外災害。

就於現實面來說，鐵窗也會加重建築物的承受力，經風吹雨淋久了，建築物的年齡也會縮短；不過如果將鐵窗改變一下，例如做開放式的或活動式的等等，這既可顧及到人身安全也不會有住在「囚籠」之感。

風水小叮嚀

在台灣似乎脫離不了鐵窗，記住，勿在鐵窗內堆積雜物，對風水而言不佳，對安全來講也不良。

樑柱與風水問題大嗎？

　　鋼筋的建材是很容易產生能量的，這種能量對
於現代陽宅風水學來說影響可大了。

　　樑是建築中不可缺的架構，但自古以來樑在風水的角度來看，都是不吉的，風水對樑的忌諱最主要源於「它」是位於頭頂上，造成壓迫感而來。現在大樓有樑柱是無法避免的，而且樓越高樑柱就越粗。

　　古代房子的建材以木頭為主，且樓不高所以樑柱上的使用也不會太粗，而現在的樓房，一棟比一棟高，為了要承受重量，樑柱的尺寸也就越發的粗壯，且鋼筋的建材是很容易產生能量的，這種能量對於現代陽宅風水學來說影響可大了。

　　以科學的角度來分析，樑容易產生壓迫感，讓人覺得有東西壓迫在頭上，潛意識中就會產生不安與窒息感。

其鋼筋釋放出的能量也會有干擾氣場，令磁場混亂，甚至也會影響人的腦波，使人有頭痛、煩躁之感，這也就是風水學裡一再強調不可位於樑下，要避開樑柱的原因。

　　就室內設計的觀點來看，有大樑橫過的天花板，會造成空間下壓的窒息感，也不具美觀性，幸好現在設計師多會以造型天花板遮住或修飾橫樑，搭配樑柱的方向與大小延樑設計，轉移樑柱的視覺焦點，就能減輕視覺上的壓迫，也減低鋼筋釋放出的磁能對人體的傷害。

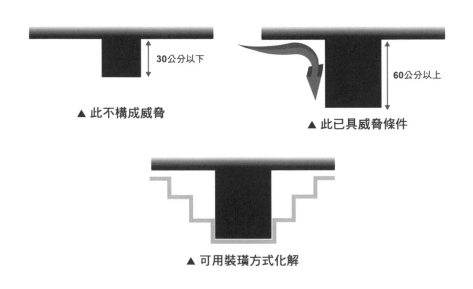

30公分以下

▲ 此不構成威脅

60公分以上

▲ 此已具威脅條件

▲ 可用裝璜方式化解

餐廳的風水怎麼看？

風水論開門見廚房、餐廳代表容易被劫財，錢財不聚。

餐廳是一家人吃飯的地方，也是生活中享受美食的場所，至少餐廳的定義是如此，只可惜現在因空間規劃的改變，餐廳已逐漸被客廳取代了，生活習性的不同一家大小能相聚一起吃頓飯都很困難，更別說餐廳原本的功用了。

自古廚房是代表一家的財富，因為食物都是囤積在廚房裡，有食物表示有錢財，古代以廚房大小看財富的多寡，所以風水論廚房為財庫；而煮出一桌佳餚端在餐廳享用，從佳餚的豐盛感也是判斷財富多寡的依據，而且也是看家人健康及和諧的所在。

餐廳既然是與錢財有關，當然財就不能露白，為什麼古人說進門不能見餐廳及廚房，就是因為餐廳與廚房都是和錢財有關，把財露在進門就看得到的地方，就容易讓人覬覦，所以風水論：開門見廚房、餐廳代表容易被劫財，錢財不聚。

餐廳是進食的地方，是補充能量之處，當然是希望享用美食之際，能在精神鬆弛、氣氛舒適的環境下，這樣較有益於腸胃的吸收，促進食慾，所以餐廳在風水中主掌的是全家人的物質能量及身心健康。

　　在現代的陽宅，想擁有餐廳及廚房各一空間的夢想，越來越遙遠，很多都是規劃餐廳與客廳為同一空間，甚至客廳就是餐廳，而佳餚就是電視，這似乎已是現代人吃飯的寫照，其實這對財運真的很傷，而且對健康也有不良影響。

　　如果餐廳與客廳共用一空間，建議還是做個區隔的措施，也多多使用餐桌來做家庭交流的地方，建立家庭的和諧，家和則萬事興。

神明桌的位置怎麼擺？

神明當然是要安置在家中最好的位置，而最好的當然是「好磁場」的所在。

中國人的家裡擺設一定會有神明桌，是希望藉由供奉神明或祖先，祈求保佑及守護著一家大小。源自對神明的崇敬心態，神明一定是安置在家裡的最正之位，希望祖先能得神明的保護，故而列於神明的側邊，一起護佑全家大小，這就是神明桌的重要。

古時陽宅都是在正廳安置神明桌，也就是說以坐向為主，神明一定安在中間的大堂內；現在的陽宅，很少有中間的大廳堂使用，所以在安置神明桌就要注重祂的方位了。不管現在陽宅的格局如何，神明當然是要安置在家中最好的位置，而最好的當然是「好磁場」的所在了，因為磁場好再加上神明正氣的感應，更能保佑全家大小的平安。

但切記不能將神明安置在樑下，會有壓制神明的意味存在，而神明身後不能設置浴廁，因為連我們都不想與浴廁為伍了，更

何況是將神明安置在旁邊，這也是大不敬。有種說法是神明背後不能是臥房，但現在狹小的都會住宅裡，難免會碰到，其實只要睡的方向，腳不要對著神明即可。

希望神明能守護家裡，自然要給予相對的尊重，否則便是褻瀆神明，反而會影響家運；神位安置的地方，應保持清潔，最好是寬敞、明亮的空間，讓神位能發揮良好的影響，使得全家能夠得到保佑。

廁所的位置很重要嗎？

　　　　旺氣方位就一定要避開廁所，廁所宜坐落在「衰方」。

　　古時候的住宅會將廁所設在房子外隱密的地方，因為古人認為廁所不宜設在宅子裡，不管哪個方位都會對六親不利。

　　土地資源的受限，生活型態的轉變，現在幾乎都是家家戶戶內有廁所。一般陽宅都是建築公司整體設計規劃，他們不見得會考量風水問題，所以廁所會在各個方位出現，雖然住家不能沒有廁所，但擺錯了位置可就會影響到運勢。

　　廁所最怕的就是設在旺方，因為會導致整個家運的衰落外，在外事業也會不如意，人緣不佳，如果廁所設在文昌位，那會影響求學中的人學習能力降低，以及居住者思緒欠缺之感。

　　如果廁所設在房子中央，房子中央在風水來說屬於「太極」區，也是陽宅的主要樞紐，也好比心臟，廁所設在此地，對居住

者的身體有負面的影響，也影響了財運。以科學的角度來說廁所居中，主要在於通風效果不良，光線照射不佳，穢氣容易蔓延到其他地方，污染了整間住宅的空氣，自然身體也會受影響。

現在人喜歡隱私感，在主臥室裡規劃衛浴設備，這就必須把臥室的防潮設備做得很好才可，因為衛浴間是充滿濕氣的地方，而臥室裡大多是容易吸收水分的產品，尤其是棉被，人們睡覺時吸收這些濕氣，久了就容易患有風濕等症狀。

所以古人說「廁所沒有好方位」，的確，廁所似乎很難去規劃一個適合的位置，但也不能沒有廁所，所以必須先弄清楚，住宅中到底有那些地方不能用來做廁所，好比旺氣方位就一定要避開廁所，廁所宜坐落在「衰方」。

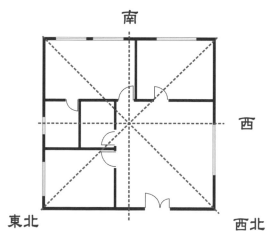

廁所最好不要在這4個方位。

長輩房怎麼規劃才好？

....

以自然科學的角度來看，冬暖夏涼的空間，光
線明亮之處，對於健康最有利。

....

中國五千年的儒家思想，總認為年老了能有子女承歡膝下、
噓寒問暖的，是福氣；幾經世紀的變遷，現在能三代或四代同堂
者，已然不多了。

當然空間的規劃有限，現在的陽宅頂多三房格局，若要能有
四房的空間，那經濟上就不單是勒緊肚皮可承擔的，但是也是因
為經濟問題，現在越來越多人考慮三代同堂，家務可以分工、共
同生活可以節省許多開銷，人力資源充沛，上下兩代可隨時互相
照應。

當住在一起時，老人家最需注意的除了居家安全之外，對他
們健康最有利的空間是為上選，以自然科學的角度來看，冬暖夏
涼的空間，光線明亮之處，對於健康最有利。在八卦裡，乾、坤
屬於長者的卦位，分別屬於西北方及西南方，以現在風水年運來

講，西北方為旺氣（2044年後，西北方轉衰氣），因為旺氣能引動磁場，對老年人的健康有加分之效，但前提是要有「好」磁場入宅。

三代同堂的好處是有的，因為不僅可以節省開銷，可隨時互相照應外，並有助於孩子成長過程中學習多樣的人際關係。

然而想要組成三代同堂前，要注意的是家庭成員是否有共識，一起把融洽美好的家庭生活當作努力經營的目標，否則就會呈現冤家路窄的局面，那住在一起所背負的擔子就會更沈重了！

風水小叮嚀

現今旺衰的方位如下：

旺方：西北、南、西、東北

衰方：西南、東、北、東南

以上元運於西元2044年轉換。

挑空的風水好不好？

挑空講求氣場要平均，如果挑空的面積太大，
則容易產生雜氣，這樣反而不利家運。

風水一再強調的就是「氣」的重要性，「氣」要選擇旺氣，聚也要聚集「旺氣」，而「氣」又跟空間是有很大的關係。

曾經有段時間，挑高夾層的設計非常的夯，因為這種將部分空間規劃成具有2層以上的高度，有些人甚至喜歡挑高又挑空，讓屋子感覺寬敞，以便獲得較大的視野及採光；但這些挑高、挑空的面積可是會關係到陽宅的運勢喔！

挑空、挑高的空間在風水來講會吉凶參半，因為好壞全看挑空處，當然這要對照八卦的方位來論，本書一直提到最佳的方位是東北方、南方、西方、西北方，如果挑空空間正好是位於這四個方位，那恭喜這間陽宅，家裡面聚集了好的磁場，可為家裡增添運勢（當然最主要的還是要有旺氣入宅才好）。

但若是位於東方、北方、東南方、西南方的挑空空間，那就要想辦法趨吉避凶，甚至考慮搬離，因為此些方位容易出現是非口舌、破財，甚至訴訟等問題。

　　挑空講求氣場要平均，如果挑空的面積太大，則容易產生雜氣，這樣反而不利家運，事業也不穩定，那要如何拿捏這面積呢？我們可將房子分成3等分，最好的情況是三等分全挑空，其次是挑空三分之一，最不好的就屬三分之二的挑空面積了，因為這會形成雜氣，而影響居住者思緒不寧。

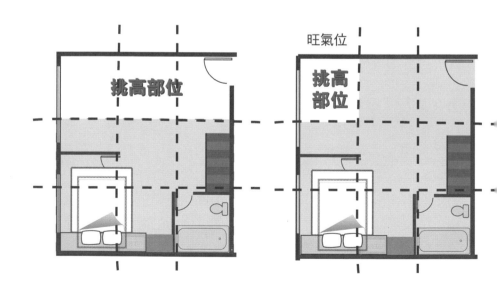

臥室的規劃怎麼做？

臥室方位的好壞，對身體的影響很大。

　　人生大約有三分之一的時間是在臥室，因此臥室的規劃顯得格外重要。房子的外在環境如空地、建築物、馬路或巷道等，都會改變房子的氣流與光線，所以臥室位在哪個方位、形狀及氣流的變化，都會影響居住之人，尤其是在身體方面。

　　在現實生活中，除非是找一塊地來蓋房子才可能隨心所欲的規劃，否則一般市售的成屋似乎不可能由我們來決定，尤其現在臥室內都喜歡附上衛浴設備，雖很方便，但如果不當卻也不容易再更改，因為會牽涉到汙水管線的問題，且改造費用不匪，本人也不建議全面的破壞修改。

　　臥房既然與身體有關，當然就要選擇一個好的磁場，依風水的年運來講，現以西方、南方、東北方、西北方的方位屬於好的磁場，依這些方位為優先選擇，當然要有光線才算佳，但是又不可有過強的光線。依醫學報導，過強的光線反而容易使人精神散

亂、注意力不易集中，但過暗的房間，又會造成被動、消極、懶散的個性，所以適中最為好。

依現代的室內設計，主臥房一定規劃成套房，也就是內附有衛浴設備，站在風水角度來講其實是不適合的，主要是水氣重，尤其衛浴所產生的水氣含有污濁不淨的成分，對人體更無益處。再者現代人喜歡睡前入浴，讓自己放鬆較好入眠，但這更糟糕，因為睡覺時的體溫會產生熱度，反而將這些污濁的水氣吸入體內，長期下來會對身體造成不小的傷害。

臥室裡的燈光也是不可缺少的，可將燈光設置在臥室的旺方，在旺方有聚財及助文昌的作用，以可調整光線強弱的燈飾為佳。臥室內也不宜掛太多或太大的鏡子，以免嚇到自己。有人喜歡在臥室內擺電視，這是不適宜的，因為會造成懶散和疲倦感。

最頭痛的是冷氣的位置，台灣的夏天沒有冷氣任誰也受不了的，但冷氣是屬於一種動源，且又必須兼顧大樓的美觀，如果擺在衰方，牽動了不好的磁場，就容易導致夫妻失和，所以冷氣在臥室的擺放方位要特別謹慎。

第三章 屋外環境，停看聽

　　環境提供了萬物生活的各種條件，環境的改變，同樣的也影響到所處的萬物。「風水」的目的，就是藉由調整，讓人處於最適合自己發展特質的環境之下。

四周環境對風水有什麼影響？

環境是影響風水的重要環節之一，也是一個人運勢成敗的關鍵。

一般人看風水，大多注重房子的坐向，或自己的命該選擇哪一個方位，反而不會注重四周的環境；試問選擇了好坐向或配上了好方位，但是氣流無法通暢、光線無法照射進來，那會是您需要的房子嗎？

房子好比花，是需要「營養」才能供應住在裡面的生物，營養好當然花就長得嬌豔人見人愛，房子的「營養」就是「氣」，風水的吉凶主要決定在於「氣」也就是「磁場」。

風水最主要是論氣流所帶動的磁場對陽宅產生的影響，而氣流又會因房屋四周的環境而有所變化，也就是說當陽光或氣流，碰到建築物是不是就遮住了陽光、擋住了氣流甚至改變了風向，或將陽光折射至他處，當我們選擇住宅時，四周的建築物就是影響氣流走向的重要關鍵之一，所以風水學也被稱為環境學。

　　以前的房宅多以土屋及木房為主，土能納氣又容易散熱，木能吸收水氣，調節溼度，屋外又多種有植物來調節氣流，促使屋內冬暖夏涼，所以古時沒有所謂的文明病，且人心忠厚。

　　而現代的建築物，多是鋼筋水泥，散熱不佳，氣流調節不易，再加上高高低低的樓房，產生混亂的磁場，此種環境會影響到人的思考力及脾氣不穩，個性也偏固執，對健康影響甚大，所以現代人的文明病也特別多。環境提供了萬物生活的各種條件，環境的改變，同樣的也影響到所處的萬物。

　　「風水」的目的，就是藉由調整，讓人處於最適合自己發展特質的環境之下，讓他的才能發揮得淋漓盡致，可以套用一句成語來講「環境造英雄，英雄創時勢」。總而言之，環境是影響風水的重要環節之一，也是一個人運勢成敗的關鍵。

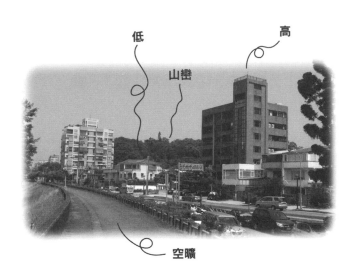

居家窗外有墓場真的不好？

陰宅講究的是龍脈、龍穴、風水寶地，既然稱之為寶地，那其風水就不會太差。

就算是新世紀的現代，對於墳墓仍是有份無法言語的恐懼，但土地面積的狹小，活人不得不與死人爭地，更要比鄰而居，若眼不見尚可接受，但進入眼簾時，心理上就難免有些罣礙了。

我鑑定過無數建在墳場邊的陽宅，其實整個家運算不錯，事業順利，闔家安康，是好兄弟的保佑嗎？不是的，是整座山的保佑，何出此言呢？有山就有水，水流將下來，此種格局在山法理論稱為來水朝拜，會帶給此宅不錯的運勢。

中國人不論是陽宅或陰宅都希望找個福地來增加運勢或庇蔭子孫，所以陰宅所找之地也不外乎是龍脈、龍穴等好寶地，往生之人享受好風水，那在世之人當然可一起有福同享，只在於是否能排除心理的罣礙罷了。中國人的陰宅所講的是龍脈、龍穴，當然是以山勢為主，山形也有好壞之分，如果山形秀氣，則此地庇

蔭之子孫，多可逢貴人相助。但若山形破碎，則將影響其子孫交友不慎、事業不順。

　　同樣的道理，陽宅與陰宅比鄰而居，當然也是依山形取決於好壞，自然還要再配上八卦來論吉凶，但是切忌不可蓋在水路中，會引起風濕、皮膚等疾病而且錢財容易被劫走。所以在墳墓旁邊的陽宅，若你運勢不佳，請莫怪這些好兄弟，應該去了解四周的山形及環境，進而去尋找補救方法。

風水小叮嚀

　　所謂水路，就是兩個山丘間凹下去之地，山通常藉由此水路排水，所以濕氣重，土質鬆軟。

燕子築巢好不好？

風水這學術本來就是古人觀萬物與環境、時令的互動行為進而推演出趨吉避凶的學術。

在萬物之間說起尋找寶穴，那鳥類及昆蟲尋找的本領要勝過人類好幾倍。

通常地理師所稱的龍穴，螞蟻和蛇一定很多，因為此種龍穴的土質大多冬暖夏涼，所以昆蟲及蛇類受地氣吸引會在此築巢，當然不止昆蟲和蛇類，鳥也是會依自然氣候擇地而居。

自古以來人們將燕子認為是一種吉祥的代表，會帶來富貴平安，也有人將燕子比喻為財富的象徵，所以大多住家都很歡迎燕子來築巢，認為會帶來好運勢。一般燕子築巢一定是選擇溫度適中，可避風煞，有藏風聚氣適宜養育子女的地方，當然也可意味地找到好風水。

記得當本人還是年輕小伙子跟隨老師父上山尋找龍穴的

時日，老師父曾指著一間三合院說：「此住宅有大小房份的差別」，我特地前去求證，果真如老師父所言，請教於老師父，老師父指著右邊屋簷說：「想要學好風水，就要先了解大自然與萬物的關係」，我順著手勢一望，一邊的屋簷下有個燕子窩。

風水這學術本來就是古人觀萬物與環境、時令的互動行為進而推演出趨吉避凶的學術，風水是一門很自然的學術，在長期發展過程中，又融入了其他相關學理，又具有古代哲理、心理、地質、地理、生態、景觀等諸方面的內涵。

應值得注意的是，在風水學中同時也摻雜著，許多非科學的及人為的因素，所以不明其理者會簡單地認為是迷信，是江湖術數；唉，可嘆矣。現在國外正不自覺地掀起一股風水研究熱潮，反而是國外的學術界給中國風水予以很高的評價。

植物攀爬的陽宅會怎樣？

植物雖然具有美化環境及過濾空氣的作用，但就於風水的角度來講，宜適可而止。

我們常看到國外好些陽宅的牆壁上爬滿了攀藤植物，感覺好有古樸風味，但站在風水的論點卻是不適宜的。

先不以風水觀點來講，試想如果我們的身體一直被綑綁著，是不是會很難過呢，房子就好比人的身體，經年累月的被纏繞著，其樹的根很容易破壞建築結構，且植物多少會有昆蟲滋生，也容易爬進屋內威脅人的健康。

而且如果生長茂密也會影響室內的採光等等，雖然植物所產生的「負離子」與「芬多精」能淨化空氣的品質，但纏繞著房屋對屋子或多或少會有所損傷。

中國人比較相信風水的論法，有說爬藤類植物代表小人與麻煩，爬藤植物引來官司纏身，爬藤植物會招惹爛桃花，爬藤植物

引來筋骨酸痛……諸多說法。依風水師的立場，多半不鼓勵種植爬藤植物；就依山法的解說，陽宅風水的四大格局，也就是左青龍、右白虎、前朱雀、後玄武。

　　陽宅的左、右如果有植物覆蓋，則表示此宅人在外交友受阻、人際欠佳，陽宅後方植物攀爬，代表靠山無力，無法相助，陽宅前面又為明堂若植物纏繞，則表事業發展困難，運勢不佳，甚至有志難伸。植物雖然具有裝飾、美化環境及過濾空氣的作用，但就於風水的角度來講，宜適可而止。

電線杆問題大不大？

電線杆比較需要注意的是所附帶的變電箱，因為變電箱所散發的電磁波就不能忽視。

大家只要一聽到電線杆，不管信不信風水，都對它避而遠之，想盡辦法就是要避開電線杆。

其實電線杆只是負責讓電流可順利傳送的柱子，它的電磁量都在一定的標準之下。相較於家裡使用的吹風機、電磁爐、電視等的電磁波都比電線杆的電磁波強多了，可是人卻對外在的電線杆很介意，而無視於家電用品的傷害。

電線杆比較需要注意的是所附帶的變電箱，「變電箱」的問題就不能不關心了，因為變電箱所散發的電磁波就不能忽視，不僅直接干擾了居住者原有的磁場，更會影響了人體的心理及生理狀況。

若處在變電箱附近，一直受電波影響，久了就會不知不覺的精神衰弱，接踵而來的問題也就愈來愈多。比較容易做出錯誤的

判斷，身體也莫名其妙的不好，這些主要就是因受電磁波的影響所致，如果沒有變電箱的電線杆，其實是還無傷大雅的。

還有一種是，當陽宅的前面是一片曠野時，在屋子前面突然豎立一根電線杆，此時就有風水上的問題了，因為風碰到物體就會有風煞的產生，就會對此陽宅有不利的影響，當然近距離才會有影響，距離遠就無煞度了。

風水論陽宅前面為明堂，關係到事業，有一物體豎立在前面產生風煞，代表容易犯小人，事業會受阻，但如果電線杆是豎立在一片牆邊，那就沒有問題了，除非它有變電箱，那這種電線杆就要遠離為妙。

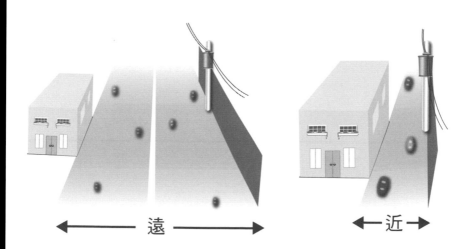

樓梯與電梯風水問題大？

電梯對現代人來說是不可缺少的，但電梯對陽宅卻是影響很大的，因為它會產生很大的磁場。

在六十年代之前的建築，大多是四、五層樓公寓式房子，那時候沒有所謂的電梯，所以門一開會看到樓梯的情況是很普遍的。當然會碰到有往上的樓梯，也有對到往下的樓梯，通常一般人對於往下的樓梯都比較忌諱。

也確實，在風水的理論來講，往下即是向下流的意思，也就是洩氣，意謂財運節節敗退，錢財耗散，遇流年不利，家運、事業、財務容易走下坡。

若對著往上的樓梯呢？坊間的論法都一概論為不好，但據我多年的研究，還是要依照八卦的方位來論，並不見得都不好，原因在於往上的樓梯，等於是上層樓往下，整個氣流是順著這樓梯下來，如果門的位置是屬「旺」氣方的話，那順勢而來的氣就是好氣，當然帶來的運勢也算好的。

　　只是有個前提，就是門與樓梯不能太近，否則氣太沖反而會轉旺為衰了。電梯也是同樣的論法，電梯是現代產物，現在沒有電梯的建築物大多不受青睞了。

　　電梯雖方便又省力，但在風水裡它是影響陽宅一個很大的磁場，每一次開合、每個上升下降都會產生動能，這些動力就影響到住宅的磁場，但並非都不好，跟樓梯一樣，要依八卦來論它的吉凶，當然在旺則旺，在衰則增加衰氣了。

　　所以當有樓梯或電梯時也不用太緊張，先去了解它所在的方位是屬旺還是衰，依現今走的運勢，西方、西北方、南方、東北方這四個方位屬於旺氣方，然後再來考慮是要避之還是迎之！

風水小叮嚀

　　距離的遠近，在風水來講是一個判斷依據，遠則虛，不管好或壞，虛了就無影響。

基地台影響大嗎？

基地台的問題固然需要注意，但是住家內的電磁波有時會比外在的還要強。

很多人都會在公寓大樓的頂樓做些私人用途，有些人會種種花或蔬菜，有些人出租給店家收些廣告費用，另一種就是出租給電信公司架設基地台。基地台是用來接收和傳送無線電波的工具，因為行動電話的普及和無線網路的興起，為了使用戶收訊良好，業者們在各地設置了很多基地台。

近年開始，因為電磁波對人體是否有危害之問題，行動電話基地台的設置在台灣及世界各地的科學家引起了很多的討論。到目前為止，雖然還沒有科學證據，能夠驗證出對身體有多大的傷害，但有調查顯示，行動電話基地台和血癌（俗稱白血病）及其他多種癌症、腦部病變有相關連。

台灣地區有三分之一的成人，睡眠品質欠佳；數百萬人夜難安枕，因素自然很多，住宅環境的因素是居大多數，諸如變電

箱、樑柱、微波爐、電視、音響以及各種風水禁忌等等，甚至魚缸的馬達聲都會造成腦神經衰弱。

　　人們在享受這些現代化設施的同時，不免也需擔心這些設施對人體帶來危害？基地台的問題固然需要注意，但是住家內的電磁波有時會比外在的還要強，這也不可不謹慎啊！

門口有大樹，不好？

如果樹木栽種得宜，就是風水恩物了；有些人
認為樹木會招來陰氣，其實不然。

樹木受到光合作用的影響會釋放出氧氣，降低二氧化碳的含
量，提供新鮮空氣給人們呼吸，也同時調節氣溫。樹木茂密則芬
多精的含量就高，芬多精可讓人神清氣爽。

茂密的樹林具有涵養水源的功能，可在豪雨過後不會雨淋成
災，樹木有很多很多使生態平衡的作用，但是在某些情況下，樹
木會不利於家宅，其中一種就是大樹長於屋子的大門前。

在陽宅風水的理論，大門是納氣口，是吸納氣流的通道，有
大樹在門口，就會使氣不順暢阻隔氣流進入宅內。

如果門口來氣是旺氣，那此樹就擋住了此家的好運勢，若門
口來氣屬衰氣，那此樹正好為此家阻隔衰氣入宅，所以家門有樹
並非都不好，是要觀察四周環境才能做正確評估。

　　中國人的傳統觀念其實是愛樹的，古人們都會在宅院裡外栽植樹木或盆景，只是基於一些錯誤的風水觀，或是現代人對自然失去了敬畏，因而輕易的砍樹。

　　事實上，如果樹木栽種得宜，就是風水恩物了；有些人認為樹木會招來陰氣，其實不然，風水學講究陰陽平衡，要陰中有陽，陽中有陰，才能替家宅招來財運與生氣。

　　現在很多天災，其實是人禍引起的，因為人們的濫墾濫伐，樹木一棵棵的砍掉，森林一片片的消失，最需賴以樹根來做水土保持的功用也沒了，人們呼吸的空氣變糟了，氣溫無法下降了，下雨無法吸收水分了……，戕害大自然最終影響的還是人類啊！

風水小叮嚀

　　樹木除了可遮陽、納涼之外，在風水學來講是擋煞的寶物。

庭院的佈局怎麼做才好？

真正對風水有影響者，要像池塘或游泳池那樣的範圍或要4呎以上的魚缸。

一把舒適的躺椅，一間創意的涼亭，啜一口清香，耳聽微風與樹葉的交響曲，觀賞小魚在池塘的舞台裡表演戲曲……，想必這是很多人夢寐以求的庭園；古時後的大戶人家，大多都有庭院，不但種植花草樹木，甚至小橋流水都有；但看現今台灣的生活環境，寸土寸金，想要擁有個庭院的房子，那還真是非「大富」莫屬了。

當然現今有所謂的社區庭園，也就是幾百戶住家共用一個庭院甚或游泳池，而且此種設施也漸成一種趨勢，所以當購買此種陽宅時就要留心了。

講起庭院當然草木和水是必備的，在風水學術的觀念，樹和水是衡量及改變磁場好壞的主要工具，站在科學角度來講，「樹木」可創造清新及充滿活力的氧氣，而且也可減低污濁的空氣及

電器用品所產生的輻射量，「水」可滋養萬物，調節氣溫，水與樹木則是維持生態平衡的重點。

　　論到樹木、水與風水的關連，眾所周知的它們都有擋煞與化煞的作用，但能載舟當然也能覆舟，風水主要論的是「氣」，氣的主要元素就是光線，「氣」配上八卦，就有八個方位的磁場，八個磁場裡有四個好磁場與四個衰磁場。

　　重點在於這些樹木、水池甚至游泳池是否剛好配對了磁場，樹和水池既然是用來擋煞與化煞，那當然就要設置在「衰方」來擋或化解這些不好的磁能，就怕誤置於「旺方」，那就等於把好運勢擋於門外了。

　　煞氣需要「水」來化解，但切記勿使用瀑布或水流聲很大的造景，因為聲動也會牽引環境的磁場，而且聲音也是造成腦神經衰弱的主因。

　　有很多人說用小小一個魚缸要來破解風水，其實是沒有作用的，要化解磁場就要先了解，化解的範圍有多大，一般小魚缸只能觀賞用，真正對風水有影響者，要像池塘或游泳池那樣的範圍或要4呎以上的魚缸對風水才會具有影響力的。

樓梯的風水要管嗎？

樓梯是讓人踐踏的，樓梯位於任何一方位，將
代表那方位的人易被牽制、不易伸展。

樓梯在現在陽宅裡扮演著舉足輕重的地位，現代的房子是一棟一棟的聳立著，互相的在比賽著高度，電梯和樓梯就成了傳送人們的必備工具了。有的樓梯會藏在隱密的電梯後方，有的樓梯會以藝術品方式展現在大樓的某一方，有的就會直接設計在室內等等。

目前最普遍的規劃是將樓梯設置在大樓的公共地區，但有些就會碰到開門見樓梯的情形，此種情形的風水在第6篇有論述，所以在此不再多言及。

說說樓梯位於大樓某一方的風水，陽宅八個方位有它所代表的年齡層及六親的關係，樓梯是讓人踐踏的，樓梯位於任何一方位，將代表那方位的人易被牽制、不易伸展，比方說樓梯在西北方，西北是屬老父、長者或四十六歲以上的男性，西北有樓梯被

踐踏，代表在家論男主人無主張，在公司論老闆、主管無權威。

　　西南方有樓梯則受影響者為家中女主人、長者或四十六歲以上的女性，在家裡管不動子女，在公司論主管處事較無原則；在東方影響的為長男或31～45歲的男性。

　　在西方影響者為少女或較年輕女性，在南方影響的為中女或20～30歲間的女性，在北方影響者為中男或20～30歲間的男性，在東北方影響者為少男或較年輕男性，在東南方影響的為長女或31～45歲的女性。

　　常常看到歐美的洋宅，都把樓梯設在房子的中央，此種規劃在風水來講是位於中宮之地，中宮五行論為土，容易影響居住之人腸胃上的疾病，並且，亦使在此宅之人缺乏凝聚心。

廟宇在住家旁不好？

一般的建築物如果有尖狀物體，易引起血光之災或意外橫禍。

台灣是個宗教多元化的地方，除了傳統的佛、道教之外，西方的宗教、回教、密教……等等，據統計台灣有八成民眾擁有宗教信仰，有五成的民眾經常參加各種類型的宗教儀式或慶典。

在台灣還是以佛、道教為大宗，而寬大、慈悲的宗教觀，在台灣形成一個佛、道合體的特色，在大街小巷興建了各式寺廟、宮殿以便於信眾祈安求福，所以形成台灣地區的住宅區附近隨處可見宮廟。

人們雖然喜歡到寺廟祈求平安、財運，但對住家附近有廟宇反而很罣礙，其主要原因一部份在於那廟宇屋頂上的「燕尾」，在廟宇的屋脊上，常佈滿著五彩繽紛的人物、座騎、花鳥、雙龍搶珠或福祿壽三仙等等裝飾品，這些裝飾品是為增加廟宇華麗絢爛光彩及權勢下的產物。

　　古人認為屋簷的上彎可避開向下沖的「殺」氣，看到向上彎的屋簷對心靈也有提升的作用，但對於現在的住宅，一間高過一間，上彎的尖銳部份就成了居住者心上的一根針，的確站在風水角度來講，尖銳物有所謂尖煞的問題。

　　就算不是廟宇，一般的建築物如果有尖狀物體，也是相同道理，易引起血光之災或意外橫禍；但如避開尖銳物，其實廟宇就跟一般住宅無差，只是在於如果廟宇是位在「旺氣方」則香火就越燒越旺，如果位於「衰氣方」則運勢難免也受影響。

　　台灣處處可見廟宇，祂不僅是信仰的中心，也是藝術的殿堂，甚至兼具娛樂觀光的功能，想要認識台灣鄉土，一定不能漏掉地方上的廟宇，但在傳統文化與運勢中，就要端看如何去取得平衡。

停車場的出入口有影響？

大廈的停車場好比開著口的嘴巴，進出的車輛有如吞吐的舌頭。

現代的生活沒有車代步可說是寸步難行，但是有了車，卻又一位難求，

尤其是在寸土寸金的都會裡，地狹車稠的情況下，小小的一個停車格每每都成為爭戰之地，隨著戰況的熱烈，除了大街小巷內的小停車場之外，各大建築物也漸漸的增設了地下停車場，而且房價也因為有自己的停車場而水漲船高，更別說各個公設停車場也都因此荷包滿滿。

雖然高樓大廈設有停車場，對住戶很方便，但對於靠近停車場出入口的住家可是會帶來些許的不利。

因車輛的出出入入，除了有噪音外，也產生了動氣，我們之前說過，有動氣就會增加磁場的能量，所以有動能的最好是位於「旺氣方」，風水最怕的就是衰方有動能，那會越動越糟糕。另

外就是位在出入口對面的住家，站在風水取象的論調上，出入口好比一個張開的嘴巴，而進進出出的車輛好比舌頭吞吞吐吐的。

此種現象將影響面對它的住家有是非口舌之災，如果是公司則在外常會與客戶意見不合，影響業務發展，職員也多有交通意外，這是因為氣是由對面的車道，所帶動的磁場而影響到住家或公司的風水。但是位於3樓以上的住戶就不需要擔心停車場出入口的問題，因為已相去甚遠了。

如何可改善這樣的煞氣呢？我們可以在車道對沖的位置，加一道屏風或種一排樹木來減緩此煞氣。

風水小叮嚀

因為停車場出入口，車輛進出容易產生動能，而這動能就會造成磁場的改變，即便是在旺方，如果磁場太強，也有不良的影響，這就是風水論停車場出入口的風水不佳的原因。

路面與陽宅關係大？

高於路面和低於路面的房子，「氣」都不容易
進入，當然也稱不上是好風水。

走在大街上不只樓房高高低低，連路面也是起起伏伏的，配
合著這起伏不平的路，多虧建築商的智慧，蓋出了不少高於路面
或低於路面的房子；高低不平的路面經常造成過路客的損傷這是
時有所聞的，依高低不平而蓋的陽宅風水又有什麼樣的影響呢？

古代三合院重視藏風聚氣，兩邊的地形來圍護，古代建築物
不多，所以大多明堂開闊，若逢前面有座秀氣的小山，則代表此
戶人家有貴人相助。

但是依照現在的住宅，高樓大廈比比皆是，別說是小山了，
就連有個開闊的明堂都很難了。現在住宅與住宅間，寬大者為馬
路，小者巷道甚至防火巷，所以不能像古時候的三合院那樣低於
路面來藏風聚氣。就因為現在的空間狹小，如果路面高於房子，
就顯得受壓迫，在風水的現象來講，代表居住者有志難伸，事業

成就艱難，也聚財不易；如果房子地基高過於路面，氣流不易入宅，開門出來就直接往下走，意謂著運勢往下坡了，此種陽宅要聚財也難。

風水學論說「高一吋為山，低一吋為水」，運用於現在陽宅，比喻為路面高於房子即使只有一吋，則路就像座山，會將氣給擋住了，而路面低於房子即使只有一吋，則路就像條水，會將氣給帶走。

陽宅風水講究的就是「氣」有沒有入宅，所以高於路面和低於路面的房子，「氣」都不容易進入，當然也稱不上是好風水。

風水小叮嚀

路面如果高於房子，容易積水成災當然不妥，高於路面最主要還是氣不聚，影響財源。

擋土牆也有問題？

當要購屋時四周的環境真的是首要考慮的重點，因為外在風水佔了70％的重要性。

擋土牆為土木工程中常用來擋土系統之一種，應用於穩定及擋護由挖掘或填築而成之永久性結構，這在山坡地開發工程，大規模之整地時時可見，各種型式之擋土牆，處處屹立。

有擋土牆即知它大多與山勢有關，而山在風水來講，就有它「山形」的重要性，山形論「氣」著重在藏風聚氣，當然最基本的就是青龍、白虎、朱雀、玄武四象要俱全，此四象都會影響到居住者的運勢。

如果住宅四周有擋土牆，切忌不可靠擋土牆太近，因為山上的水會順著擋土牆的排水孔流下，此處勢必會比較潮濕，如果房屋靠太近，則濕氣重會影響居住者的健康，而且擋土牆若不堅固也很容易危害建築物甚至生命。

如果擋土牆在住宅的前方，在風水裡有遠、近論法，近則太壓迫，無法使氣流通暢，當然運勢受阻，遠則有如朝拜之水，潺潺而來，代表可為此住戶帶來財運。

但最近幾年各地山坡地災情不斷，尤其是土石流的肆虐，著實讓受災戶付出慘痛的代價，所以當要購屋時四周的環境真的是首要考慮的重點，因為外在風水佔了70％的重要性，也就是說70％的運勢是由外在環境來影響的。

風水小叮嚀

購屋時一定要了解四周環境，尤其是山坡地，要先了解水土保持的問題，除了環境之外，也要查看一下擋土牆的濕度如何，如果牆面濕濕黑黑，那顯示住地區濕氣重，就要另做打算了。

住屋與水池關係大？

水的力量極為強大的，可滋養生命，能遇剛於柔，在風水來講有化煞的作用。

當看到國外的住宅那麼寬敞又有庭院甚至有游泳池，是否會很羨慕呢？古代的中國式宅院，大富人家也多設置水塘，餵養錦鯉，好愜意的生活啊，這些游泳池或水塘在風水裡是好是壞呢！

中國最遠古時，人們在住宅旁設置水塘，一方面為取水用，二方面調節氣溫用，漸漸的人們知道了「水」的用途甚廣，所以風水學裡「水」居主角之位。

「水」在風水裡這麼重要，當然所在位置也要慎選。

中國人最講「氣」，氣遇水則止，遇風則散，所以風水學術裡，「水」是用來化煞的工具之一；風水是以八卦來定方位論吉凶，既然水有化煞的功用，當然要設置在「煞」方，前些篇有論到元運與陽宅的衰、旺方位，旺方切不可設置水池或游泳池，因

為會將旺氣化解，會使宅運不佳，衰方最喜設有水池或游泳池來化解衰氣。

常聽人問到，為何同一個水池，左右房子的運勢會不一樣，其原因在於方位的吉凶問題。比方說，水池位在甲屋的左方、乙屋的右方，因方位有一盛一衰之分，如果左方為旺氣，右方就為衰氣，此時對於甲方的家運就呈現不佳，而乙方因水池化解了衰氣，反而運勢轉好。

水的力量極為強大的，可滋養生命，能遇剛於柔，既有觀賞價值，也有環保價值，在風水來講有化煞的作用，所以當您想要造個水池或游泳池可就要先了解居家的衰、旺方再下手，否則擋住了自己住家的運勢，可就不妙了。

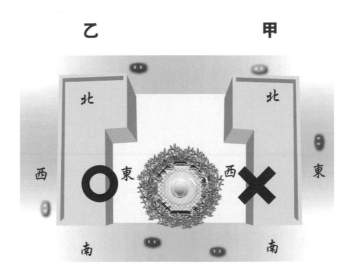

屋角的沖射會怎樣？

一個不甚雅觀的屋角，光用眼睛看就覺得不舒服了，更別提說與風水的關連了。

或許是土地的規劃，或許是設計師的創意，現在有很多建築物並非正正方方的，反而有許許多多的角狀設計，或許增添了創意，但對風水來講有什麼關連呢？

風水有煞氣的論法，如天塹煞、反光煞、穿心煞、壁刀煞……，這些並非是實質物體來傷害，而是由實質物體所造成的氣流來影響的，陽宅前後左右的周圍環境所引發的氣流，就是「風水」的奧妙所在。

一個不甚雅觀的屋角，光用眼睛看就覺得不舒服了，更別提說與風水的關連了。前些篇有提到，房子就好像人的身體，而外在有一角狀物叉射過來，我們身體是不是常感不適呢！陽宅有所謂的風水病，這就是其中一種，就是會常出現小毛病；這角射物的衝氣，會依建築物不同，而有不同的影響。

　　比方說，被衝的房子左右兩邊是空地或低於此陽宅，則這氣會影響此陽宅的中心，將不利於全家大小，如果陽宅有一邊較高，那衝氣將會集中於此邊，則會影響家裡某人的不利，這還需配上八卦來定。

　　有特殊創意固然是不錯，但若能融合創意與風水，是否更能兼顧好運與美感呢！

風水小叮嚀

　　若有碰到尖狀物衝射時，可懸掛面鏡子反射或擺設樹木擋煞。

陽宅前面有流水最好？

選擇山坡地的房子，除了水土保持要嚴謹外，

地形、地勢、水流……都得仔細斟酌。

「我家門前有小河，後面有山坡……」，這是一首耳熟能詳的兒歌，相信也是很多人所憧憬的居住環境，但是有山有水固然詩情畫意，但站在風水的角度來說，旺則萬事興，衰則身敗名裂。基於「山管人丁水管財」的風水理論，水可載舟亦可覆舟，在於風水的論點「水」是相當重要的影響力。

陽宅的前面有流水，則來水與去水就須觀察入微了；所謂「來水」就是水流方向朝我方而來，反之則為「去水」，一般都希望來水要長去水要短，這樣是代表源源不絕的運勢。

但來水則必須要以緩慢水流為佳，水靜以財論，也就是代表此宅財氣能聚，財可守得住，如果水流急勢水聲大，那此宅勢必開銷龐大；最怕的是來水到門口突然轉向流走，那就有如到嘴的鴨子飛了，代表財運容易被劫，以事業來說容易被倒帳甚或身敗名裂，以家庭來講，不善於理財容易亂花錢。

　　如果流水是在陽宅的後方，來水將帶來暗財，也就是說容易有偏財運，好比中獎、外快的錢比正職多等等，但一樣的水勢也是要緩要靜，不能湍急或聲大。

　　宅後的水流轉向了呢？那這種劫財要更小心了，因為是暗著來的，會讓你毫無防備的。所以宅後有流水要比宅前還要更小心謹慎。

　　另一種，喜歡找山坡地房子的要小心，不要找那位於兩山間的「水路」之宅，在山法理論，山與山中間大多會有水路，好方便過多的水分流出；有很多建築商會將水路阻隔，但是再怎麼阻隔那氣勢還是在。

　　而且水路之地通常較潮濕，如果居住在此種地的人，久了身體狀況會下滑，甚至莫名的痠痛、風濕痛等。選擇山坡地的房子，可得明察秋毫，除了水土保持要嚴謹之外，地形、地勢、水流……都得仔細斟酌。

去水　　來水

反跳

易被劫財之象。

第四篇 金錢、工作、健康 風水讓你旺

坊間有很多以方位論財運的說法，但依本
人數十年來研究與驗證，認為還是以「氣」的
影響力最大。

真的有難聚財的房子嗎？

一間住宅的磁場好壞，絕對會影響財運及身體健康。

常有人跟我說「努力的賺錢，但錢卻無法儲存起來，常常莫名奇妙的就不見了……」；這與風水可是有很大的關連的。說到錢財相信大家都很關心，一間住宅的磁場好壞，絕對會影響財運及身體。

我二、三十年來的研究，一個人有財運直接會顯示在你的相貌上，如果你的相貌氣色清潤發亮，代表你近期有錢財入庫，依現代陽宅學的理論，代表你住的環境不錯，有受到好磁場的感應，或是你在公司的位置是好磁場，而牽引你的財運。

如果你真的很努力的工作，很衝事業，但是財運就是不佳，這就是你的公司或是住家的風水氣流不順暢，磁場上有亂氣，就會影響你的財運，所以住宅磁場與氣色及財運絕對有關連。

　　坊間有很多以方位論財運的說法，但依本人數十年來研究與驗證，認為還是以「氣」的影響力最大。我們都知道一個環境的好壞是由磁場在運作，不論走在地球的哪一端，都仍然是受大自然磁場的影響，以這個理論就知道我們身處的陽宅，不論內局佈置有多好，如果感受不到好磁場，那也起不了多大作用，「怎樣是好的磁場」？

　　堪輿學以天運分為上元及下元，公元1864～1953年為上元運，1954～2043年為下元運，而八卦的方位有分衰氣與旺氣，目前走的是下元運，東北、西北、南方、西方為當旺之氣，也就是這四方位的氣為好磁場。

　　一般陽宅的正門稱之為明堂，明堂代表著此家人的顏面，也關係到事業，因事業所帶來的錢財我們稱之為正財格局，如果正門此方位納入的正是好的磁場，那就可帶動此宅事業順利，財運佳。但此處若是處於衰的磁場，那自然影響事業，錢財不順，聚財不易。另一種錢財容易流失的格局，是來自陽宅後方之氣，陽宅後方在風水學稱之為暗財格局，顧名思義，它不屬於因事業帶來的財運，也可說是偏財格局。

　　如果影響陽宅後方的氣是「好氣」，那此間陽宅將為居住之人帶來偏財運，但若影響的是「衰氣」，那就會有財運不濟，甚至被劫了財還不自知，就是所謂的暗箭難防，所以此種格局的房子要聚財，難也。

財位怎麼看？

要論陽宅的財位，首先要注意是否有「氣」入
宅，再以八卦去定方位。

在派系眾多的風水學裡，對於財位的論法也林林總總，諸如
以人命配合陽宅方位來尋找財位，又如以陽宅的坐向來變卦又與
金木水火土，五行相生相剋的運用尋找財位，更有一種廣泛的說
法是以大門的對角來論財位，有這麼多尋找財位的風水方法，可
是為何求財的人還是這麼普遍呢？

我們都知道萬物一切的運行都是受「氣」的影響，陽宅是
佇立在氣流（磁場）當中，是氣流（磁場）主宰著此陽宅的吉與
凶，而我們人類是生活在陽宅裡的，所以當陽宅感應到怎樣的磁
場，當然住在裡面的人就跟著受影響。

一個人的運勢有很多種的論法，以求財而言依命理的解說，
是配合大運及流年的運作，這是固定的邏輯，但仍然會有誤差。
我常思考同樣的八字為何財運會有差別？

如果單以現代的住宅而論，就是磁場的問題，現代的陽宅對於財運有分幾種解說，前面的明堂，也就是住宅的前面論為事業，有好的氣流來，自然引動事業旺盛錢財佳，住宅的後面為偏財，也論為財庫，從這一點我們就能理解，財運的引動最重要的是受四週的環境影響的。

要論陽宅的財位，首先要注意是否有「氣」入宅，再以八卦去定方位，還要配合元運，當今走的是下元運，以下元運來說，好的磁場有四個方位，也就是說這四個方位如果有受到磁場的感應，對於財運就有助益，如果此四方位無「氣」入宅，就算方位再好也無益，只能算有財無庫，錢財不聚。

住宅的財運，依照現代的陽宅學理論，最重要的因素是四週環境的影響，如果此住宅的氣流是好的磁場引進屋內，所帶來的旺氣，對住宅的財運才有助益，因此我們要求財的話，先要瞭解四週的環境及物體。依照易經陽宅的解說，每個卦的含意會有不同的財運，比如此宅的東北方，有氣流引入的話，此財運屬於業務發展的錢財，如果是西北方的氣流引動入宅，其錢財是靠信用、按部就班所賺取之財。

如果是南方之氣引動入宅，此財氣是由貴人來相助而得，如果是西方氣引動入宅的話，此錢財是靠頭腦，以智慧取得財。所以要尋找財位，必須先了解有無「氣」的影響，畢竟「財」是我們要由「外」賺入的，所以外氣的影響是非常重要的。

能賺錢的店面如何看？

說到「改運」，影響力最大的還是陽宅的磁場。

錢，大家都想要，大家都在追求，有的燒香拜佛為錢財，有的整容改名為財運，無奇不有的尋求方式，為的就是——錢。說到「改運」影響力最大的還是陽宅的磁場。

我們有時看到某些店大排長龍，就算不是用餐時刻，客人也絡繹不絕，可實際吃過卻也沒想像中的佳餚，有些店手藝極佳，但卻門可羅雀，由此可知風水好，的確佔了很大的優勢。

一家店面會生意興隆，絕對跟風水的磁場有關係，好的店面，不論在山上或僻靜的巷弄，還是可以吸引來客，山上的店面與城市有何差別呢？城市的店面以氣流為主，山坡的店就關係到山形，有山形有溪流的店，就要論秀氣及長短、來水與去水，堪輿學有言「有山就要論體，有水就要論來去」，如有好的風水寶地，再遠也會引動客人絡繹不絕，不求自來。

　　一間風水好的店面，必然會引導客人自動光顧，而且如果能再搭配「貴人位」的排設，那客人自然是寧願等候也不捨離去的光景，何謂「貴人位」呢，我們都了解風水好，自然是有好的磁場影響此陽宅，若希望生意更好，那就要有相輔相乘的作用，此作用的方位就是「貴人位」。

　　但是行業多過365種，就算取得好風水，它的「貴人位」可不盡相同，如飲食店跟一般的店面，就會有不同的排法，因為飲食有電爐、火爐等等。

　　我們都知道最有動氣的就是廚房的火爐莫屬了，如果外在的氣流引入店內，有火爐設在相輔相成之地，那來客就會絡繹不絕，但火爐若設錯位置，就算有好磁場入宅，也會使得業績時好時壞。

　　依風水理論來說，現在的年運是走在下元運，此運以東北、西北、南方、西方，此四方位的磁場最旺，將這旺氣引進宅內，對財運有相當的助益，如果在旺氣方位又加上能量，那更是如虎添翼，但切忌不可太過，否則會適得其反。

磁場與財運有關係？

不聚財的陽宅，主要因素在於陽宅的磁場混亂，陽宅的好與壞，決定在於四周的磁場。

一般在論財運大多都會偏向命理、面相或風水來論，以八字的解說，正印、偏印多的人較不聚財，依斗數的解說，交友來沖財庫也不聚財，面相說顴骨與鼻子的氣色不佳也難聚財，在陽宅風水說法則是氣流亂之屋也難聚財，種種的學理都會有影響。

風水理論上，將一間住宅的財運分為正財與偏財，正財指的是陽宅的前面，也就是明堂所牽引的財運，因為明堂關係到人緣及事業，所以明堂論為正財之處，偏財也就是宅後所引進的財氣。有些領薪之人，他卻三不五時的會中獎或正職之外的收入，那就是因為陽宅後方的來氣勝過宅前的明堂。

不聚財的陽宅，主要的因素在於陽宅的磁場混亂，陽宅的好與壞，決定在於四周的磁場，而陽宅的財運也與這些磁場息息相關。影響陽宅的磁場，風水學術以八卦來論吉凶，也就是說陽

宅的明堂或宅後，如果處於「吉」的磁場，那就會為此家帶來財運，如果正逢「衰」的磁場，那此宅財運即不佳。

另一種是磁場一衰一旺，那就是財源來的快去的也快，錢財也守不住；還有一種格局就是陽宅無任何磁場影響，比如曠野中的房舍或緊臨前後左右的陽宅，沒有氣流影響，不會帶動慾望，此種陽宅適合一般朝九晚五的上班族或公教人員。

依照現代陽宅學的解說，一間住宅的氣流有亂象，也就是說住宅的是非多，或是在其他事情有雜亂現象的話，代表住在裡面的人比較無財運，因為受到磁場的雜亂而影響你的運勢，如果你在工作上常與人有糾紛的現象，那你就要看看是否住宅磁場雜亂，因為這樣要聚財就難了。

不聚財的陽宅當屬「衰氣」入宅的房子，依照現年走的運勢，以西南、東南、東、北四方為「衰氣」方，陽宅最怕宅後屬於「衰氣」方位，尤其是西南與東南方，這兩方位與財運最有關係，以八卦理論來講，西南與東南是屬智慧的卦位，又稱副文昌位，但因氣屬衰氣，所以會導致聰明反被聰明誤，常因判斷錯誤而犯小人，且錢財被劫還會不自知的窘況。

室內規劃與財運影響大？

陽宅的磁場雖然著重於70％的外氣，但內部格局的30％也深深影響其運勢。

雖說陽宅的好壞是由四周環境所影響，但是如果內局的佈置阻礙了氣流，那也等於阻擋了財源。

我常跟客戶講「百萬裝潢不如好磁場」；陽宅的磁場雖然著重於70％的外氣，但內部格局的30％也深深影響其運勢，所以坊間有各式各樣教人居家擺設的資訊，無非都是想營造更好的人生。

一般人對於財運方面認知有誤，大部份的人認為在家裡的內部，擺設一些能讓財運旺盛的風水器物，就會增加財運，其實財運不是那麼簡單就可得的，請不要受到那些不實廣告的誘惑。

風水對財運的引動是來自四週圍的氣流引入住宅，對財運才有效果。一股外來的好磁場，它可影響到居住之人在外的運勢，

工作順心，財運佳，但是如果沒有將外在這好磁場引入宅內，就好像到手的鴨子飛了一樣，與好運、財運失之交臂，這就是陽宅的內局規劃不當。

如何陳設內部格局，首先要了解旺氣位在何方，盡量將它引入宅內，如果有衰氣，則要擋或化掉這衰氣。陽宅最怕的就是一衰一旺的氣相沖，此狀況容易犯小人而破財，所以旺與衰要先了解，旺氣盡量的引導入宅內，讓他明亮，衰氣的部分，可用簾子、櫃子等擋住。

風水，它可讓居住者的運勢好轉，但並不代表能讓人大富大貴，有些人以為改了好風水就能發了，畢竟風水只是個輔助運勢的方法而已，想發大財，還是須靠自己打拼。

風水小叮嚀

如果陽宅不幸是衰氣入宅，可以在此掛位置放個水缸，但要4尺以上才有效，水可以化煞，調節溫度，使人頭腦清晰，但是千萬不可有水聲，因為聲音會產生動能反而加重了衰氣。

財位到底在哪裡？

財位的說法很多，最受大眾所知的就是「門的對角就是財位」？！

每次去幫客戶看房子，都會碰到一個問題就是「我家的財位在哪裡？」財位的說法很多，最受大眾所知的就是「門的對角就是財位」。此種說法雖是有他的依據，因為大門將氣引入而在角落呈現藏風聚氣，但因房屋的座向不易確定，所以演變出大門對角是財位的說法，簡單明瞭，人人都會找到。

但有個疑問，如果此住家的門無法引入「氣」，那他對角還能「藏風聚氣」嗎？如果由門引入的是「衰氣」，那對角不就聚集了衰運而影響財運嗎？

坊間尚有八宅財位、流年財位、玄空財位的論法，八宅財位是固定的一個財位，流年財位是每年財位不同，玄空財位是依照風水年運編排的，不管哪種財位，其實主要在於，有沒有磁場來影響。

　　如果佈置了一個好的財位，但沒有接收到「好磁場」的感應，恐怕要聚財也是不容易的。

　　財是要我們由外賺進來的，當然這個「外在」就深具影響力了，先看陽宅四周的環境是不是有幫助我們賺錢的「好磁場」，這一股磁場是否會進入家裡，如果有，那就表示您的錢財運勢會比別人好，選擇好財位更能鞏固財氣，財位當然要配合著「好磁場」才能起作用。

　　依現在「好磁場」的方位來搭配的話，坐北向南的房子財位宜設在東北方，坐東北向西南的房子財位適合在南方，坐東向西的住宅可於東北及南方安排財位，坐東南向西北的住宅，財位宜於西方，坐西南向東北，財位在南方最有利。

　　坐西向東的住家，宜於西北方，坐西北向東南，宜於東北或南方設財位，坐南向北的房子，西北為最佳，當然以上方位還是需要有「好磁場」來啟動機制才有效果。

真的有投機的格局？

在五術命理的分析，八字與斗數是生來就已既
定的命運，而面相與陽宅就可改變運勢。

由大家樂、六合彩一直到現今的樂透彩甚至股票，整個社會沉迷於金錢遊戲中，想不勞而獲、一夜致富者，比比皆是；投機之財並非不可得，但必須是要具備有偏財運的格局。在五術命理的分析，八字與斗數是生來就已既定的命運，而面相與陽宅就可改變運勢，尤其是陽宅最為顯著。

以八字來講，食傷重又無正官、七殺的人，此人就具有偏財之運，如果傷官和七殺旺，而八字輕的人，生性好賭，尤其男性是既好賭又好色，如果有官無印、比肩來奪財的人，特別喜歡大場面的賭局，且期盼能一夜致富，但總是十賭九輸，往往富翁當不成反淪為喪家之犬。

以斗數來說，當交友宮化祿到財帛宮之際，就是幸運之神降臨之時機，如果兄弟宮化忌沖田宅宮，又碰貪狼、廉貞的話，那

此人就容易沉迷於嫖賭。再論面相，鼻子歪與鼻孔大的人，切忌投機，否則十賭必九輸，以上論述的是出生即帶來的命格，如果能及早了解自己的命，就能早先規劃自己的財運。

陽宅分為正財與偏財，前面的明堂看事業、交友、人際，如果明堂秀氣，也就是好的磁場感應，在工作事業上容易得貴人提拔，事業順遂，稱為正財格。如果明堂的磁場有雜氣，也就是說有旺氣與衰氣入宅，居住之人在思想上會有偏差，在錢財方面比較容易異想天開，做著一夜之間發財的夢，如果此氣流是衰氣多，則會產生投機的現象。

住宅的後面是偏財，也是聚財庫，如果氣流有雜氣，居住之人易胡思亂想，容易興起投機之念，所以在風水學的理論上，後玄武要秀氣，也就是說靠山要正，才能為人正派，處事有原則，如果後面有不整齊的山形、斜坡或破碎，或有衰氣、雜氣同時入宅，居住者則投機的心態很明顯。

陽宅的磁場有雜氣時，住此種陽宅之人，比一般人容易產生投機心態，若再碰上命中帶賭性，那賭場就少不了他，如果陽宅的磁場好，那命中有賭性的人反會減少投機心態。依陽宅風水理論，不同方位的磁場，代表家裡的成員會呈現不相同的感應，再加上太歲流年的運作，就會使家裡成員產生變化，好磁場則帶來正向的感應，壞磁場則是呈現偏差走向。

生肖如何輔助財運？

有光線入宅，才能營造好磁場。

　　錢，有誰不想要呢，每人都在求財，這與住宅磁場最有關連，好的磁場能帶動居住之人，做什麼事情都能順暢，比如升遷，考試，財運都有輔助的功效。

　　但是必須要有好的條件，才能營造出好的磁場，以現在的陽宅風水的理論，方位分八個，其中有四個是好的方位，對求財有效果。

　　那就是住宅的東北方、西方、西北方、南方，若是你的住宅這四個好的方位，其中之一的光線，可照射入住宅內，恭喜你，代表你得到好的磁場，對求財就會有較佳的運勢。

　　若是再配上你的生肖，受到好的感應，增加能量，會帶給你比較多的求財機會。

【生肖屬老鼠與牛】

如果你的生肖屬老鼠及牛的人，東北的磁場對你最有幫助，建議你買老鼠或牛的小物品，一起放在住宅的東北方，能增加你的磁場能量，在人際公關上可增加人緣，對求財運有幫助，顏色最好選用白色或是米黃色為主。

【生肖屬豬與老虎】

如果你的生肖屬豬及老虎的人，南方的磁場對你最有幫助，建議你買豬或老虎的小物品，一起放在住宅的南方，能增加你的磁場感應，在人際公關上可增加人緣，並增加求財的機運，顏色最好選用黃色或紅為主。

【生肖屬狗與兔】

如果你的生肖屬狗及兔子的人，南方或東北方的磁場對你最有幫助，建議你買狗及兔子的小物品，一起放在住宅的南方或東北方，能增加你的磁場能量，在人際公關上可增加人緣，有助於求財，顏色最好選用米黃或是黃色為主。

【生肖屬龍與雞】

如果你的生肖屬龍及雞的人，西方的磁場對你最有幫助，建議你買龍及雞的小物品，一起放在住宅的西方，能增加你的磁場能量，在人際公關上可增加人緣，對求財運有幫助，顏色最好選用白色或是金黃色為主。

【生肖屬蛇與猴子】

　　如果你的生肖屬蛇及猴子的人，西方的磁場對你最有幫助，建議你買蛇及猴子的小物品，一起放在住宅的西方，能增加你的磁場能量，在人際公關上可增加人緣，對求財運勢有助益，顏色最好選用白色或是金黃色為主。

【生肖屬馬與羊】

　　如果你的生肖屬馬及羊的人，東北方的磁場對你最有幫助，建議你買馬及羊的小物品，一起放在住宅的東北方，能增加你的磁場能量，在人際公關上有助人緣提升，增加求財的機會，顏色最好選用米黃色或是黃色為主。

風水小叮嚀

　　　財運及運勢的好壞，一切還是要看哪一個磁場來影響。

房屋與疾病有關？

　　住宅會產生疾病，最大的因素就是四週的物
體，及高低的變化。

　　風水裏面有很多和現代科學密切相關的元素，而這些元素
都對人體的健康有著不可忽略的聯繫。風水裡很普遍也很重要的
一個概念就是「氣」，氣是萬物之源，氣變化無窮，氣有盛衰消
長，氣決定了人的吉凶禍福，吉與凶則是依八卦來論定的。

　　八卦始由伏羲氏仰觀天象、俯察地理，參悟天地造化玄機而
創，就是宇宙的八種現象，其後又經歷代聖賢同氣候、曆法、五
行、天干地支等加以研究相配合，演變成現今繁複的八卦學說，
也成為人們用來預測天災人禍的依據。相信乾、兌、離、震、
巽、坎、艮、坤這八卦大家都不陌生，那它們代表身體的哪些部
位呢，我們從「易經」的「說卦傳」裡提及「乾為首，坤為腹，
震為足，巽為股，坎為耳，離為目，艮為手，兌為口」 來分析
人體。

住宅的方位代表人身體的部位，如何影響到居住的人，我們要先瞭解四週的環境，住宅會產生疾病，最大的因素就是四週的物體，及高低的變化，會造成氣流不穩定，也就是磁場亂象，因為四週的環境有高低，縫隙或路街的大小，都會使氣流雜亂，如果房屋高低都是平均的話，此地方的氣流就比較穩定，住在此地的人個性會較平穩，當然對住的人身體就有益。

　　以人體的部位對應風水的方位，即可知道風水的磁場會帶給人體哪些疾病，比方說如果是由艮位來氣太強的話，那對應人體的部位，就是手足容易有損傷，為何連帶「足部」呢？

　　因為八卦有所謂的先天、後天卦，艮卦與震卦有著先後天的關係，而震是為足，又如「坤卦」有氣，則可論腹部或頭部，因為坤是為大地之母，也算是首腦，所以也論頭部；卦位「氣」強則兩卦就互有牽連。

　　八卦是一種現象的表徵，所以在事物的對應上，又各有不同的解釋，所以在風水上論吉凶或人、事、物的對照上，八卦必須靈活運用，才能有正確的判斷。

顏色與健康有什麼關係？

選購陽宅時不但要找風水好也要重視能量學與色彩。

人一生與住宅的關係可說是相依為命，住宅的任何一種磁場都對居住者的一切環環相扣著，而影響住宅的最大因素是來自大自然、四周的環境，此外屋內的格局、陳設也佔有相當的關連。

我在教學中常舉一些例子，來讓學員悟出其中的道理，有一個例子是這樣，有一對年輕夫妻牽者手歡歡喜喜的去購物，兩人帶著笑容進百貨公司，但不久兩人面色難看的走出來，看來似乎在嘔氣。

原來妻子喜歡一件黑色的被單，丈夫認為黑色不吉利，從這一點我們就了解，一個人有偏愛的顏色，比如例子中的妻子喜愛黑色，也代表她內在喜歡清靜，如果家裡的顏色太強、華麗之色彩的話，對她來講是一種無形的打擊，在家就感覺不很舒服，就會因此不喜歡待在家裡。

選購陽宅時不但要找風水好也要重視能量學與色彩學；每個人一出生命格就註定了，而每個人的命有所謂的五行屬性，也就是金、木、水、火、土，由此也產生了自己偏愛的色彩，而色彩也與人的情緒有關，間接的也與健康有關聯。

　　陽宅有好磁場，對於家運有助益，當然對於健康也有加分的作用，而好磁場如果能再與建築材料、顏色、能量等的搭配，那更有相輔相成的功效。我們都知道陽宅是以八卦來定吉凶，八卦也有它色彩與五行的屬性，所以我們就可利用五行相生相剋的原理，來改善我們的磁場。

　　比方說，乾卦，它位屬西北，在五行上屬金，如果臥房正好在乾卦之處，臥室顏色可採用白色或米色來加強磁場，對睡於此處之人的身體狀況有強健之效。

　　震卦，位屬東方，以淺綠色、淺藍色為宜；兌卦，位屬西方，以米白、米黃、白色為優；離卦，位屬南方以米黃、草綠色為好；坎卦，位屬北方，主以米白色，次以草綠色、天空藍；艮卦，位屬東北方，主以米色、米黃、白色；巽卦，位屬東南方，主以淺米色、草綠色；坤卦，位屬西南方，主以米色、米黃色；當然必須是要光線充足的房子才有效果。

住宅與祖墳風水，也有關係？

濕氣重易長霉，對於氣管、皮膚等都有不良的
影響。

　　風水地理有分陰宅及陽宅，雖然不少人不認同有風水的說法，但是在面對安置祖先時，不管對風水信或不信，總是會以相當慎重的態度面對，可見在大眾的心裡，陰宅風水的好壞還是占有一定的份量，當然是不容忽略，因為他的好壞會影響到家運的好壞。

　　我們都是生活在宇宙的大磁場裡面，而高高低低起起伏伏的物體，讓磁場產生變化，這些變化就是牽引我們思想的因素；也就是說不管是陰宅或是陽宅，就一定會受磁場的影響，而人當然也無從避免。

　　一般談論風水，當然不外乎都針對運勢啦、錢財方面來討論，這裡來說一說與身體方面的關連，先說陰宅，陰宅重視的是四象，也就是左青龍、右白虎、前朱雀、後玄武，也就是墳墓前

後左右的環境。如果前面景緻雜亂，在事業方面會影響下代的工作不順，在身體方面則五臟六腑會比較弱，左、右兩邊如果景象不佳、或有破碎不整齊的山形等，代表人際方面較欠缺，身體方面手腳上較易發生意外傷害。

至於靠山，就是後面的環境如果不佳時，財運方面容易遭劫財，身體方面容易有不明究裡的疾病，一般就俗稱「風水病」，尤其是墳墓葬在山的水路間，那就更容易引起。如果祖墳的地勢陡峭，則孕育出的子孫個性急躁。

在陽宅方面，則是要依八卦的方位來對照，每一個卦位可代表身體的某一部位，好比說乾卦代表頭部，坤卦代表腹部等，這在「房子與疾病」的文章裡有提過，這裡就不細說。最主要的是這些方位必須受到磁場的影響，才會有所感應。

值得一提的是，陰宅風水的好壞，會影響到購屋時的運勢好壞，我們都知道磁場依每年年運的不同，會有不同的呈現，如果是陰宅風水不佳又碰上流年運勢不好，那此年所找的房子大約也都不怎麼理想，但此時又非得找房子的人該怎麼辦呢，那就請找有經驗的堪輿師幫你解決吧！

濕氣會影響風水好壞嗎？

一般談論風水，當然不外乎都針對運勢啦、錢財方面來討論。

台灣是受季風氣候的影響，夏季前後受西南季風帶來的溫暖而潮濕氣流，也受海洋氣團的控制，溼度高、溫度高，冬天則是大陸冷氣團影響與四周海洋的影響，所以台灣的氣候大多偏於濕度高的形態。溼度高如果房子通風，那倒也還好，就怕住宅通風不良，對於屋子以及人都會有不良的影響。

房屋長期含著濕氣，容易污黑長霉，第一不美觀。

第二，霉是一種菌，容易影響呼吸器官，而且處在濕度高的住宅裡也容易引起風濕。

一般光線較不足的房子，也表示通風不佳，空氣無法對流，當然就無法減低濕氣；如果是光線充足通風佳的房屋，牆壁出現水漬，那就要注意是否有水管漏水的情形，兩者對居住者都有不

良影響。一般家庭來講濕度較重的是在臥室，因為現在人都喜歡臥室裡有套衛浴設備，雖然方便，但相對的濕度就高了，人在睡眠中會產生熱氣吸收濕氣，無形中會對健康造成損害。

如果還是喜歡在臥室裡有個衛浴設備，那就建議床不可靠在浴室的牆面，衛浴設備的出入口最好用木製屏風擋一下，木材是容易吸水的物品，用此來做水氣的阻隔，當然房間的通風要能通暢是最好的；一般人會使用除濕機，但機器使用的過與不及，都不好。

現代的房子都有配置先進的電器設備，夏天有冷氣，冬天有暖氣，一年四季都仰賴科技設備，卻忽略了自然空調的重要，這些科技雖然方便輕鬆，但卻缺乏大自然裡的元素，就造成人們現在所謂的「文明病」越來越多。如果人們在科技與自然能兼備，那生活豈不更好。

第五篇 愛情婚姻和風水

　　想要有桃花緣者，可要審慎評估居住地
的環境，再加以改善調整，才可擁有良善的
桃花緣。

求桃花怎麼做？

常缺乏桃花緣的人，大多問題出在住的地方陰陽氣場不平均。

現在雖然是自由交往的社會，但或許是社會型態的改變或是選擇太多，很多已介乎適婚年齡甚至過了適婚年齡的成年人，仍未有共結連理的對象，以致於求姻緣的廟宇香火旺盛，求桃花的偏方也層出不窮。

「陰、陽」這兩字相信大家都懂，也都理解它的代表意義，當然桃花也脫離不了陰、陽關係，而陽宅風水也分陰、陽，通常缺乏桃花緣的人，大多問題出在住的地方陰陽氣場不平均。

依易經解說，八卦本身就是一陰一陽，住宅的八個方位，也分四個陰四個陽，陰者南方為中女、東南為長女、西南為老母、西方為少女；陽者東方為長男、東北為少男、西北為老父、北方為中男，風水就是根據八卦的原理制定，所以一間住宅要有陰陽磁場交流才能產生桃花緣。

　　曾有位客戶焦慮的說她女兒年有三十好幾了，卻遲遲沒有姻緣，實地察看了陽宅，原因出在女兒所住的房間沒有「陽氣」，命理學上女性為陰，男性屬陽。

　　房內有陰有陽才能增加異性緣；此客戶的女兒臥房缺少陽氣，當然一直獨守空閨了；另一種情況是，住在視野遼闊的房子，也容易有不婚或獨居的念頭。因為一望無際帶給人心曠神怡之感，相對的想放下一切，與世無爭之心起，此種陽宅稱之為「孤」，受此陽宅磁場感應會對姻緣抱著可有可無的心態；上述的情況，只要加重「陽氣」或「陰氣」就可改善異性緣份了。

　　陽光不足會影響桃花緣份之外，光線太強也對桃花緣有不良影響，尤其是由東南方所引進的磁場，會造成居住者在感情方面是非多，易有口角、變動等，俗話說「過與不及都不好」，所有的原理都離不了「中庸」之道。

　　陽宅除了可有桃花運之外也會造成桃花劫，主要在於氣流混亂，混亂的氣流如何產生，就要看陽宅四周的環境，如果建築物高低不一，那就容易產生混亂的磁場。

　　或是兩個「陽氣」或「陰氣」同時入宅，就很容易引起外遇、劈腿、第三者等的感情糾紛。想要有桃花緣者，可要審慎評估居住地的環境，再加以改善調整，才可擁有良善的桃花緣。

風水好，夫婦關係就會好？

「家和萬事興」，這句話用在陽宅學很適合，
住在裡面的親人一團和氣，互動良好，自然可萬事
皆宜。

一般人認為兩性相處的融洽與否，取決在個性，而個性除了先天的性格之外後天佔絕大的影響力，後天含括了知識、交友、思想、家庭、金錢……等，而與後天息息相關的就屬居住地的磁場了。

常言「家和萬事興」，這句話用在陽宅學很適合，一家住宅的磁場氣流很平均溫和，住在裡面的親人們一團和氣，互動良好，自然可萬事皆興，這也是一個專業的堪輿師最大的使命。

我們都知道陽宅的磁場會影響家運，甚至公司的運勢，而天天處在屋子裡面的我們，一舉一動、一個判斷、一個決策皆受到陽宅磁場的牽引，可見風水這門學術能歷久不衰，自是有他存在的價值。陽宅受磁場的影響，磁場有好壞之分，依照風水的解說，陽宅是以八卦定方位，八卦有分陰陽，如果陽氣太旺，代表

此宅男性太霸氣，而女性的個性也比較男性化；若陰氣太重，則顯示此宅女性主觀強、固執不認輸。

如果在這樣的兩性同處一室，就會產生互不相讓，溝通不良的現象，住宅的磁場好比人的個性，如男性的聲音宏亮，個性就比較霸氣，主觀強勢，若女性聲音有力，則個性強勢固執，這樣兩性相處一定常有爭吵，住宅也是同樣的道理，氣流要穩定平均最為重要，兩性才能協力共創造家庭的美滿。

會有相處不融洽的現象，最主要是受四周環境的磁場影響，造成陽宅內的磁場混亂，而導致居住者性情不穩，就容易產生摩擦；陽宅的氣以中庸最為適宜，也就是氣要平均，太過或太弱都會造成失衡的現象，當然兩性關係也就會失調了。

風水小叮嚀

兩性相處，屋內的磁場很重要，如果磁場不平衡，就會有紛歧，甚至引起財務困窘，嚴重者離異收場，所以要謹慎。

冷宮影響愛情？

除了命裡的運勢之外，公司與住家的環境也是影響的因素之一。

據傳古時帝王的後宮嬪妃多到連帝王也記不清，後宮常常上演著暗潮洶湧的戰爭，戰敗的、不得寵的往往就落入「冷宮」了。雖然現今社會男性已不再擁有三宮六院，但是繁複的社會型態，卻也很容易讓配偶身居冷宮。

現今最多的除了配偶事業繁忙晚歸之外，另有經常出差或甚至被委任至外地，以致於另一半獨守家園者比比皆是，除了命裡的運勢之外，公司與住家的環境也是影響的因素之一。

先論家庭，如果這間住宅西北氣強，而氣是遠遠而來的，那就容易有出外的機率，西北是乾卦，代表男主人，而西北在現今年運是為旺氣，代表男主人運勢不錯，男主人在外可逢貴人，處事如魚得水，若命裡逢化祿，而西北方又有動氣，那更增強了男主人的氣勢，一定奔波於外，自然另一半可能獨守空閨的時間就

長了。如果住宅受西南氣影響，西南是坤卦，代表女主人事業心重，勞碌於事業家庭間，但坤氣在現今年運為衰氣，代表容易判斷錯誤，常受挫折，但又受磁場影響，往往固執己見而導致家庭不和諧。

論公司，公司受西北氣影響，則負責人明理、果決又帶威權，而事業也會蓬勃發展；如果是南方氣影響，則中級主管是為公司的樑柱，為公司盡心盡力，也容易成為公司的代表。

再就是東北方之氣，此氣正值當旺之氣，如果公司出此旺氣影響，則公司的年輕職員容易受老闆的賞識委予重任，在外也易受老客戶或長輩的幫助，而公司容易引進新客戶。

以上所論的職員，他的另一半就要有聚少離多的心理準備，不如趁此種機會去培養自己的興趣，開拓自己的人際，偶爾與另一半小別勝新婚的相聚，其實也不錯啊！

兩性失衡的風水怎麼看？

住宅最忌諱陰陽對沖，對家庭絕對造成不安寧，因為不平衡。

陽宅依八卦的理論有陰陽之分，四個陰四個陽，而此陰陽也顯示兩性的對待。我們都知道房子的磁場是受四周環境所影響，現在高高低低的樓房，產生了混亂的磁場，城鎮建設越多，離婚率也跟著持續成長，這與磁場有很大的關連性。

住宅最忌諱陰陽對沖，對家庭絕對造成不安寧，因為不平衡，在八卦的理論上，卦相對的位置一定是一個吉一個衰，一個陰對面就是陽，如果兩方感應的氣很均衡，那此居住者自然和平順遂，如果一強一弱，那顯示居住者的一方個性強悍。另一方軟弱，最不好的是陰陽皆強，兩氣對沖互不相讓，造成兩性受到磁場的感應不調和，那真的是家宅不安，妻離子散甚至離婚收場。

方位相沖的房子，會有以下的現象需注意：

東、西方相沖，男主人個性霸氣，主觀強勢，出外需注意交通安全。

南、北方相沖，家中的男性主觀強勢，處事無原則，容易無理取鬧。

西北、東南相沖，住宅的是非多，夫妻各不相讓，常因一點小事爭吵。

東北、西南相沖，住宅的女主人處事缺少考慮，比較沒有理財的概念。

東南 陰	南 陰	西南 陰
東 陽		西 陰
東北 陽	北 陽	西北 陽

誰是一家之主怎麼看？

在陽宅風水學上，誰會是一家的掌權者，是有脈絡可循的。

在古代社會所謂一家之主，指的當然是男性，就算家裡有位女強權，但是男性還是穩占一家之主的頭銜，直至現今依舊是如此。但成功之人背後總有一雙手，在現今的社會裡，不論這雙手是男性還是女性，他（她）才是掌控這一家的「主」。

在陽宅風水學上，誰會是一家的掌權者，是有脈絡可循的，我們都知道八卦有分陰與陽；家宅裡陰氣多者，女性比較強勢，陽氣盛者，男性具有威權，也就是說陽宅的磁場是陰性磁場多還是陽性磁場強，以此來論斷家裡由誰主宰。

陰氣和陽氣又有分好與衰，好氣影響雖然掌有大權，但會講道理、明是非，衰氣影響則霸氣十足，又頑固、不明事理。八卦除了分陰陽，也有六親之分，每個陰與陽各有老、中、少的分別；如乾、坤是指老一輩，也指公司的高級主管或老闆。

　　而乾坤是一陽一陰，「氣」屬一盛一衰；巽、震兩卦，屬於中年階層，也是一陰一陽，但都屬衰氣；離、坎是為青壯年階層，「氣」也是一盛一衰；兌、艮兩氣屬青少年之氣，兩氣都屬旺氣，如果陽宅有受此兩氣影響者，則家裡小孩大多學業不錯，讀書不需父母操心，但可能會有小霸王的個性。

　　人類與大自然環環相扣也相互影響著，陽宅的四周環繞著磁場，而人是生活在陽宅裡，所以房子受到的磁場會感應到居住者，氣好者則強，氣衰者則壞，這就是環境學，也就是風水。

巽 長女	離 中女	坤 老母
震 長男		兌 少女
艮 少男	坎 中男	乾 老父

十二生肖怎麼求愛情？

【生肖鼠的人】

生肖屬鼠的人，想求愛情美滿及異性緣，以三合的感應對你最有效果，所謂三合指的是肖猴、肖龍的人與你相合，可買龍、猴造型的小物品，將龍造形之物放置你臥室的東南方位置，將猴子造形之物放置在西南方，有助異性緣提升。還有另一種格局是以六合來增加磁場的力量，所謂六合就是與屬牛的相配，將牛造形之物放置在臥室的東北方，增加磁場感應，對異性緣有助益。

【生肖屬牛的人】

生肖屬牛的人想求感情緣份，依三合來說，所謂三合指的是肖蛇、肖雞的人與你相合，可購置一些蛇、雞造型的小物品，將蛇造形之物放置你臥室的東南方位置，將雞造形之物放置在西方，可增加異性緣。另一種格局是以六合來增加磁場力量，生肖屬牛者與生肖屬鼠者為六合，將鼠造形物放置在臥室的北方，可增加六合的磁場感應，無形中能增強愛情的力量。

【生肖屬虎的人】

生肖屬虎的人想求愛情美滿及異性緣佳，可尋求與你相合的人，如肖馬、肖狗之人，謂之三合，買一些馬的造形及狗的造形之物，將馬造形之物放置你的臥室的南方位置，將狗造形之物放

置在西北方，可增加異性緣份。另一種契合格局，以六合來增加磁場的力量，就是與肖屬豬者為六合，將豬造形之物放置在臥室的西北方，增加六合的磁場感應，無形中就能提升感情的緣份。

【生肖屬兔的人】

生肖屬兔的人想求愛情美滿及異性緣，三合的搭配對你最為佳，三合指的是肖豬、肖羊的人與你相合，可購置一些豬、羊造型的小物品，將豬造形之物放置你臥室的西北方位置，將羊造形之物放置在西南方，有助於異性緣份。另一種格局是以六合來增加磁場的力量，生肖屬兔者與生肖屬狗者為六合，將狗造形之物放置在臥室的西北方，能增加六合的磁場感應，自然可增強愛情的能量。

【生肖屬龍的人】

生肖屬龍的人想增進異性緣份，以三合的生肖最為契合，所謂三合指的是肖猴、肖屬的人與你相合，可擺設一些猴子造形及老鼠造形的東西，將猴子造形之物放置在你臥室的西南方位置，將老鼠造形之物放置在北方，可促進異性緣。另一種搭配是以六合來增加磁場的力量，生肖屬龍者與生肖屬雞者為六合，將雞造形之物放置在臥室的西方，與磁場相感應，可增強異性緣份，有助情感發展。

【生肖屬蛇的人】

生肖屬蛇的人，想求愛情美滿及異性緣佳，以三合的生肖對你最有助益，三合即是屬牛與屬雞者，選擇一些牛、雞造型的小物品，將雞造形之物放置在你臥室的西方位置，將牛造形之物放置在東北方，對愛情運有幫助。另一種以六合配來增加磁場的力量，如生肖屬蛇與生肖屬猴者互為六合，將猴子造形之物放置在臥室的西南方，可增加六合的磁場感應，無形中的就可增強愛情的能量。

【生肖屬馬的人】

生肖屬馬的人想求愛情及異性緣，可藉由三合的搭配，三合即是肖虎與肖狗者，可購置虎及狗造型的物品，將虎造形之物放置在你臥室的東北方位置，將狗造形之物放置在西北方，有助增加魅力。另一種增加磁場的六合搭配，六合就是與屬馬相合的生肖，是羊，將羊造形之物放置在臥室的西南方，可增加六合的磁場感應，就能增強愛情運勢及異性緣。

【生肖屬羊的人】

生肖屬羊的人想求感情運勢，以三合的生肖最為契合，所謂三合指的是屬豬、屬兔的人與你最相合，可選擇一些豬及兔的造型物品，將豬造形之物放置在你臥室的西北方位置，將兔造形之物放置在東方，可增加異性緣份。另六合格局，生肖屬羊與生肖屬馬者為六合，可將馬造形之物放置在臥室的南方，增加六合的磁場感應，有助於愛情運勢的發展。

【生肖屬猴的人】

生肖屬猴的人想求愛情及異性緣，最好是三合搭配，所謂三合指的是肖鼠、肖龍的人與你相合，選擇鼠及龍造形物品，將鼠造形之物放置在你臥室的北方位置，將龍造形之物放置在東南方，有助愛情運的增長。另外有六合格局，來增加磁場的力量，亦即生肖屬猴與生肖屬蛇為六合，將蛇造形物放置在臥室東南方，增加磁場感應，無形中的能量對愛情運有助力。

【生肖屬雞的人】

生肖屬雞的人想求美滿的緣份，以三合的生肖對你最佳，三合即是肖蛇與肖牛者，購置一些蛇及牛造形的物品，將蛇造形之物放置在你臥室的東南方位置，將牛造形之物放置在東北方，對異性緣有助益。再談六合格局，生肖屬雞與生肖屬龍者為六合，將龍造形之物放置在臥室的東南方，增加六合的磁場感應，無形中可帶動愛情運勢。

【生肖屬狗的人】

生肖屬狗的人想求愛情運，可藉由三合的搭配，三合即是肖馬與肖虎者，可買些虎及馬造形的物品，將虎造形之物放置在你臥室的東北方位置，將馬造形之物放置在南方，對異性緣有增強的功效。另一種格局，以六合來增加磁場的力量，生肖屬狗與生肖屬兔者為六合，將兔造形之物放置在臥室的東方，增加磁場感應，可提升愛情運勢。

【生肖屬豬的人】

　　生肖屬豬的人想求愛情及異性緣，以三合的生肖最為契合，所謂三合指的是屬兔、屬羊的人與你最相合，挑選一些兔及羊造形的物品，將兔造形之物放置在你臥室的東方位置，將羊造形之物放置在西南方，有助增加異性運勢。另有六合的搭配，來增加磁場的力量，生肖屬豬與生肖屬虎者為六合，將虎造形之物放置在臥室的東北方，增加六合的磁場感應，對於愛情運有助益。

第六篇 家中擺飾，
有關旺運或壞運？

　　找了間中意的陽宅，接下來就是佈置自己的窩，好的居家首重在乾淨整潔，從風水的角度來講，家裡保持適度的空間，避免擁擠，這樣才不會影響到磁場的流暢。

屏風、門簾可以擋煞嗎？

善加運用屏風或門簾來改善，當然首先還是要了解自家的磁場是如何！

屏風和門簾是一般常見的居家飾品，在風水學來講是屬於擋煞物品，主要功用在於改變與遮擋氣流之用；真的具有擋煞功效嗎？當然是有的，因為它能改變磁場的方向，也可阻止磁場的進入與外流。

現在的陽宅大多坪數不大，所以一般家庭使用屏風較少，頂多是大門入口處，為免一進屋就看到餐廳或廚房，或是在廁所外擺放；一般最常使用屏風的應該是公司行號，公司要對外營業、招攬生意等的因素，通常大門是敞開的，為避免內部被一覽無遺，大多會設個屏風甚至屏障，又可兼具廣告效果。

但是在規劃屏風時，必須要了解所要擺放的位置是何種氣流，如果大門進入的是好的磁場，結果擺個屏風將氣流轉成衰的磁場，反而影響公司的整個發展了，如果擺在衰磁場，那正好轉

衰為旺。屏風就像一面牆，是可將氣流改變方向的，就因如此擺設的位置就很重要了，在擺放之前還是需先了解擺放位置是好磁場還是衰磁場。

屏風與門簾最主要的功能，就是要擋煞，如果好的磁場在大門的話，有屏風反而對此住宅不利，因為氣流碰到屏風就會轉氣，比如一家公司的大門開在南方，此公司為了裡面的業務怕曝光，在大門擺飾一座屏風擋住，這是錯誤的設置。

因為南方是現在元運最旺的氣流，氣流碰到屏風自然會轉氣，將好的氣轉為不好的氣，就會影響公司的業務，如果公司的大門是北方氣入宅的話，在大門擺一座屏風這就是正確的擺飾了，因為北方的氣流而言現在是衰氣，擺一座屏風轉氣，對此公司有利，從這一點我們就能了解屏風的用意。

居家一般較多使用門簾，不管有沒有風水問題，多因隱私性的原因而裝設門簾，與屏風不同的是門簾比較沒有改變氣流的問題，門簾是遮擋、阻隔的功用，所以最多使用的地方就是衛浴間了，尤其是當廁所對著餐廳或對著臥房，建議一定要用門簾或屏風擋住，因為廁所是聚集穢氣的地方，穢氣對人的健康多少都會造成不良影響。

現代的住宅幾乎是建設公司規劃好的，難免都會碰上門對門，廁所對客廳，臥房對廁所……等現象，所以我們就要善加運

用屏風或門簾來改善，當然首先還是要了解自家的磁場是如何！

　　如果大門的來氣是旺氣，但是一打開就見到客廳，你怕開門曝光的話，也是可在大門做一道屏風，但屏風的設計要以通風為主，使氣流不會擋住，其二在玄關的天花板上加強燈光引動旺氣，這樣才不會擋住好磁場。

風水小叮嚀

　　所謂屏風的通風性，就是做半個屏風或者使用鏤空設計。

魚缸有聚財功效嗎？

　　四呎以上的大小才能產生化解的能量，小於四
呎的魚缸只能觀賞用。

　　很多人喜歡在家擺設魚缸，有的僅止於賞心悅目並無特別
要求，但大部分人總希望能為自己帶來好運勢。人們常因風水學
裡「山管人丁，水管財」的語句，直覺的認為有水就可有財，其
實在易經裡「水」代表著生命，也是調和氣溫的重要元素之一，
「水」是萬物仰賴的資源，因能調節氣溫，使得居住者處於適溫
的環境中，能心情平靜不急躁，自然思路清晰，處事穩定，就容
易掌握時機，相對的就可創造運勢及財運，久而久之，「水」就
成了財運的代名詞；所以坊間對水有聚財功能的論法甚多。

　　首先我們來了解水與住宅的關係，在古時的住宅周圍一定設
置水池，以現在環境學的理論上，水最主要的功能，就是調和溫
度，會使住在此宅的人心情平和，在易經的解說水為智慧，有好
的智慧，個性不會急躁，處事思考上就細膩，因此風水學家很重
視水，所以稱水為財。

再另一個角度來探討的話，水可化煞，比如一間住宅在某方位的風氣強，必要遮擋時，大部份會種植樹木或設置大水池來化煞，因為風氣碰到水，自然氣流就會減輕，所以在古代的住宅大多會在明堂的左右規劃水池，也就是化煞的用意。

魚缸的擺放說法林林總總，有的認為應該擺在旺位，有的則說應該擺在衰位，有的說要擺在財位……，就本人數十年來的驗證，魚缸設置在衰方比較好。因為「水」有化煞的能量，有將氣場調和、轉氣的功能，既然「水」有化解煞度的效果，當然不能擺在旺方嘍，所以水位於衰方來轉化衰氣，反而比較好。

而魚缸的大小也有關係，因為水要聚有一定程度的面積才有力量，四呎以上的大小才能產生化解的能量，小於四呎的魚缸只能觀賞用，所以小於四呎的魚缸，擺放在任何方位都是沒影響的。另一點需注意的是，如果房子本身溼氣重者並不適合放魚缸，因為反而增加溼度，對身體會有不良影響。

住宅是受到四週的環境影響氣流的好壞，好的氣流最好能引入住宅，不好的氣流當然要化掉，所以在擺飾魚缸、水池，最好的就是放在衰方，以現在的元運有四個衰方，東方、東南、北方、西南，這四個方位最適合擺飾魚缸，如果放於旺方，對住宅有不佳的影響。不論魚缸在風水的重點為何，當你拖著一天的疲憊回到家裏，望著一缸消遙自在、游來游去的魚兒時，煩躁的心情可頓時化為烏有，這是風水之外的另一種收獲吧！

招財樹會招財嗎？

植物在風水理論裡，佔有重要地位。

實行了數千年的中國風水術，演變至現今，琳瑯滿目的壓煞、制煞、招財、辟邪、開運物品越來越多，細心觀察會發現我們週遭常會見到銅鏡、水晶、凹凸鏡、山海鎮……等等。

家中也多少擺有魚缸、神獸、發財樹、神像等，不外乎就是想庇祐家人平安順利有財運。這些銅鏡、水晶、凹凸鏡、山海鎮、神獸等是否真的可擋煞、招財，尚有待商確，但水及樹的確是有化煞、擋煞的功能。

在風水的理論上植物是很重要的法寶，我們知道在古代的住宅四週，大部份會種植物，除了區隔之外，最主要的功能就是要擋住風煞，現在的城市寸土寸金，房屋四週的空間越來越少，除非你到鄉下自己蓋一間住宅，四週才能種植物。

依我多年的經驗常告訴客戶，在你家最有風煞的方位種植物，跟在好磁場種植物，經過一段時間後，你就會發現氣流不佳的地方，植物難生存，從這一點我們就瞭解植物的功用。

　　古代的房屋，在四周大多會種植物，主要原因在於調節氣候和風煞；現在的陽宅高樓櫛比且相鄰，樓高又不一，大自然的氣流受此影響，再配上八卦就產生吉凶之分，高明的風水師會利用樹來擋煞，久而久之，就演變出各種植物擋煞、招財的說法。

　　市面上招財樹不知有多少，相信各公司行號也多少都會佈置上幾棵招財樹，這真的跟風水有關嗎？樹會招財，本人對此持保留意見，但樹的確具有擋煞的功效，又有過濾空氣及輔助氧氣的功用，對人體是有益處的，但若光線不足的陽宅，種太多植物反而不利，對身體也有不良影響，如果種的植物很容易枯掉，那很可能表示此陽宅的磁場氣亂，容易影響到陽宅運勢及財運。

　　植物是擋煞的工具，煞擋掉了，運勢自然可轉危為安，那財運自然也可順利了，或許因為有此作用，所以樹被當成招財之說，而衍生出現在有很多招財的樹，其實植物不分種別，在家裡擺設一些盆栽來點綴，也是令人賞心悅目的。

鏡子怎麼擺才好？

> 臥室裡的鏡子擺設雖不論方位，但最忌諱的是
> 鏡子直接正對著床。

鏡子，是每個家庭必備的用品之一，也是臥室中非常必要的擺設，尤其對愛美的女性來說，更是不可一天不看它，但怎樣合理地放置鏡子，卻是大有學問的。

每次勘查住宅的風水，臥室鏡子的擺放常是客戶的問題之一，在臥室裡的鏡子擺設雖不論方位，但最忌諱的是當鏡子直接正對著床，對睡此臥房之人有負面的影響，風水的論點而言，容易胡思亂想，造成神經質。

鏡子可以幫你審視儀容穿著，鏡子也可以擴大視覺空間，但空間感覺過於寬廣的時候，你睡眠和休息的品質可能就會有所折扣，同時，當你的神智還不太清醒的時候，鏡子的反射物可能會造成干擾你神經的元素。

在一些中國的古老傳說，鏡子與很多靈異事件是有聯繫的，所以鏡子又被視為陰寒的物品；風水學裡鏡子雖是反煞物品，但卻也有許多擺放的禁忌。

例如大門不可放鏡子，容易招惹是非口舌或官司，鏡子不可對著床，會影響睡眠品質和身體正常代謝，使睡在床上的人不安寧等。

真正的說法應該是，鏡子是可納入影像及反射影像的物品，臥室裡有鏡子，夜半起來睡眼惺忪時，突然見到鏡子裡的影像，難免會嚇到，這個可是會造成身心的創傷。

石敢當如何放？

　　人們認為石敢當是鎮壓凶地之物，故只要豎立
著『石敢當』即可起平安的作用。

　　在古時的中國，相信各種物品皆有其靈性與神祕力量，石頭
也居其中之一；石頭接收日月精華而產生的能量，扮演著一種神
秘的保護角色，被當成具有驅邪鎮煞的作用。

　　據傳最早發現石敢當運用在陽宅是在唐朝，經歷年代的轉
變，又結合了宗教的鬼神觀念，而成為驅鬼壓煞的神祇，幾經轉
折才逐漸演變成台閩地區各地的習俗，其安置地點也由最先宅院
的碁石到門口、路口，再擴及凶險地如河岸、橋頭、渡口等多處
地點。

　　一次的因緣際會，在金門觀光局的協助下，帶一團愛好堪輿
的人士到金門考察，金門山坡地形多，海島的風很大，發現當地
人對風水很重視，每家屋宅的造型或是擺飾大都跟風水有關係，

最令人感興趣的就是石敢當,每尊石敢當就是代表金門特徵的風獅爺。

　　一般石敢當用於街衢或有經常發生意外之地,就安置一塊「石敢當」石碑鎮壓沖煞,使得那裡平安無災。此外一些人家住宅不祥或風水不好,也會安放石敢當來鎮壓。

　　能擋煞的物品有樹、水和「石敢當」,樹易因風煞太強而枯死,水雖易化煞,但不容易設置,所以風水師選用石頭來擋煞,因風氣碰到石頭會轉氣,可使衰氣轉為吉或是阻擋。

　　石敢當的由來說法很多,但都不外乎是驅鬼鎮邪等帶有神威的色彩,也是長久以來,我們祖先與天抗爭、克服惡劣環境的一種精神防護系統,人們認為石敢當是鎮壓凶地之物,故只要豎立著『石敢當』即可起平安的作用。

古董與畫真的有影響？

　　　　沒有將古董所帶的「氣」給化掉，這些磁場多
少對家裡會產生一些影響。

　　每一個人都想將家裡佈置得有氣氛、高雅、具藝術氣息甚
至個人格調，雕塑品與畫是使用最廣泛的品項之一，這些東西有
風水上的影響力嗎？居家佈置當然是隨著個人的喜好選擇商品，
有人喜歡盆栽，有人喜歡西洋畫，有人喜歡東方風，有人喜愛古
董。古董雖然帶給人大氣、身分地位的感覺，但古董畢竟是經過
年代的洗禮，吸附了很多的負能量，如果沒做正確處理，此種能
量對人的身體及心理或多或少都會有影響，坊間也有許多針對古
董擺放的禁忌論法，一般風水師也比較不建議屋裡擺放古董。

　　很多人喜歡在旅行時，買了一些雕塑品，木雕，石雕等裝
飾在客廳，原則上只要不放得亂七八糟的話，營造雅緻的氣氛倒
無妨，但如果是古董的物品，就有忌諱啦。古董是歷經許多年代
的薰陶，買了古董後立刻擺放在客廳或是臥室，在堪輿學是最為
忌諱，因為沒有將古董所帶的「氣」給化掉，這些磁場多少對家

裡會產生一些影響。如果對古物真的愛不釋手，那就先化解它的「氣」，方法很簡單，只要將粗鹽與水，以一比二的比例調和，然後取片葉子，（以柳葉最佳）沾一些鹽水灑或是擦在古董身上，就可以化解不好的氣。如果要謹慎的做法，則是請專業的老師，幫古董淨一下，可將不好的氣給請走。

至於畫，這就很普遍了，掛畫也是有學問的。中國人注重五行的相生相剋，風水的方位有五行的屬性，而畫也有五行的區分，例如油畫在五行屬金，水墨畫五行屬水及木，藉此五行的依據，畫最好掛在可相生的方位，比方說南方屬火，可選擇五行屬木的圖畫放置。北方屬水，可選擇屬金或水的畫，東方屬木，可選擇木或水的畫，西方屬金，可選屬金或土的藝術品，這些都是利用家飾品來相生的用法，當然曾有人問那插畫類的該如何呢？例如時下很受青睞的幾米畫作，因為畫風裡帶點寫實約略印象又參雜了一點點奇幻，「有像」的畫，建議擺在小房間欣賞就好。

一般掛在客廳的畫，就要選擇能賓主同歡的圖，宜帶點喜氣，帶點富貴甚至鴻圖大展等，如果是悽愴的字畫或意態蕭索的圖面，雖然意境高深，書寫佳妙，但那股悲情愁緒的磁場，會引起主客之間難展歡顏，所以此類的書畫也不宜掛於客廳。

另外眾所周知的有流水的畫，水的流向要對內，這不外乎就是「水為財」的說法所延伸。掛畫並不是難事，可以按照當時的需要，做機動性的調整。

櫃子有風水嗎？

櫃子有收納功用，可營造空間，又有擋氣、轉氣的功能，是家居中不可或缺之物。

找了間中意的陽宅，接下來就是佈置自己的窩，現在人注重美觀更在意實用性，室內的規劃就是門學問了。好的居家首重在乾淨整潔，從風水的角度來講，家裡保持適度的空間，避免擁擠，這樣才不會影響到磁場的流暢。

新世代室內規劃的趨勢走入極簡風格，所以要怎樣才能把東西收拾得整潔，櫃子就扮演很重要的角色了。櫃子有收納功用又可營造空間，一般家裡多多少少都會擺有櫃子。

在風水來講櫃子也是一種風水利器喔，最常使用在風水格局的就是化解「穿心煞」，也就是利用櫃子來阻攔這種煞氣；另外就是書桌後面最好有書櫃，較能營造安全感使得專心唸書；玄關也是設置櫃子最多的地方，一方面分隔出內外明堂，一方面也免得大門一開便對室內一覽無遺。但是櫃子也不可太多，有人將櫃

子取象為「貴人」之意，在家裡擺放了很多櫃子希望能招貴人提拔，王先生就是一例。

碰到王先生時他正眉頭深鎖，滿臉寫著「憂慮」，因為他工作碰到瓶頸，但是我瞧他的命盤卻是顯示著工作運佳的狀態，心想王先生的住宅一定有問題，果真如我所料，家裡幾乎都讓櫃子給填滿了，把原本是旺氣的地方擺得陰暗無光，一問之下才知道王先生聽人之言，說櫃子可招來「貴人」，所以他擺了很多櫃子，無非也是希望能幫助他的事業；如果真的能招來貴人相助，但因「貴人」多，是不是反而造成依賴性重呢？。

此外櫃子多，空間就顯得擁擠，造成氣流不佳，反而是不利風水的，尤其是當櫃子擋住了旺氣，將好運擋掉了那才真是可惜，所以凡事都要適可而止，過與不及都不好。

櫃子跟風水的確有不小的關係，先前提過櫃子有擋氣、轉氣的作用，所以櫃子最好是放在衰方，可擋衰氣或轉衰為旺，千萬不能將旺氣擋住，否則本想招「貴人」的作用，變成擋「貴人」，那可就不妙嚕。

植物有陰陽之分嗎？

　　天地萬物皆有陰陽之分，植物也是有這個恆定
的法則。

　　近幾年來，全球大力的宣導環保，自然與生態的觀念不斷的引入家居生活中，植樹、擺樹也漸成一種趨勢，在風水上植物尤其是不可或缺的物品。

　　現代的住宅在設計上都會搭配些植物，以風水的角度，住宅能擺飾一些植物是有加分效果的，可增加磁場的感應，但是千萬要注意通風及陽光。

　　曾經看過一家住宅，此主人很喜歡在家裡種一些植物增加雅氣，有綠色花草點綴也不錯，但進入此宅第一個會感覺到濕度很重，而且好像置身花園，此主人說，聽人家說種植物能帶來好運勢，日子久了就越種越多，可是最近感覺身體有些微恙，所以想到是不是住宅風水有問題？此住宅當然沒有問題，是家裡的植物太多影響風水。

以陽宅的風水理論上，如果住宅的空間大、陽光足的話，種一些植物反而對磁場會有好的效果，但如果住宅光線不足，代表氣流不通順，又植物把好光線遮住了，當然運勢就會不佳。植物能夠進行光合作用，為人們提供新鮮空氣，減少各種電器的輻射，調節氣場，使生活和工作環境充滿生氣，在風水的角度，植物可用來調節、轉化環境氣場。古時候的人會在房子四周種植物，一來植物可營造磁場，二來可為此宅擋住風煞。

　　天地萬物皆有陰陽之分，植物也是有這個恆定的法則，坊間對植物的陰陽之分眾說紛紜，基本上植物所謂的陰陽是以樹幹來分，枝幹較硬的植物稱為「陽木」，例如發財樹、松樹、杉木、富貴樹等，陽木在風水上有擋煞的功效。而枝幹較有韌性的植物稱為「陰木」，如竹子、柳樹、七里香等，陰木在風水上有化煞的作用。

　　我們以大自然的現象來解釋，陽光太強時「陽木」擋光線的功能比「陰木」還要有效，但當強風來時常被折斷的都是「陽木」，而「陰木」反而可迴風轉氣，化解風煞。很多報導說陰木不能放於家裡，會引陰氣入宅，這是有些偏頗的誤導。易經講求中庸之道，如果房屋陽氣太重，也需要一些陰氣來調和，植物在不同的方位、環境下恰當的使用它們，更能反映出意想不到的調節作用。

調整運勢，有撇步嗎？

住宅的財運，確實跟磁場有很大的關連，好
的磁場可引動住宅的財運，所以磁場的方位就很重
要。

・愛情運

想必大家都以知道，住宅有陰陽磁場的區別，想要招愛情
運的人，首先要知道住家的方位，了解臥室裡哪邊的光線較強，
強者是屬陰氣還是陽氣；何謂陰氣，就是東南方、南方、西方、
西南方所進入的氣，依照八卦理論是為陰氣，東方、北方、西北
方、東北方則論為陽氣。比如臥室的陰卦光線較足者，可在此些
方位擺設觀葉植物，此盆栽以陽木為佳，對招桃花有幫助。若是
你的臥室屬於陽卦光線較強者，適宜擺設開花植物，如蝴蝶蘭，
百合花等（開花植物屬於陰性植物），能增加你的人緣。

・人際運

以風水理論而言，想要有好人際，與人互動良好，最主要是
要有好的磁場來引動，對住宅的人才有助力；以房屋的空間及方
位為主，現在最有利的磁場是東北方、西方、南方、西北方，若

是你家的住宅有上述4個方位的其中一個有光線及氣流入宅，代表你家住宅本身的磁場，比較能感應好的人際關係。若是要加強更好的人際關係，建議你在這有光線入宅的位置，排一些具有動力的物品，比如音響、電燈、能量礦石等，讓好的光線及磁場相互的牽引增加能量，對居住者出外增加人緣。重點是好的四個方位必須有光線，這樣磁場的感應才有效果。

· 工作運

依照現代陽宅學的理論，住宅可分事業及財庫，住宅的前面又稱為明堂，關係到事業工作運，重點在於客廳，客廳的磁場與你工作上的成就及未來的前途相關連，所以客廳的磁場必須要有陽光充足及氣流通暢。現今元運最好的磁場有四個，東北方、西方、南方、西北方的磁場最有動氣，建議你在客廳的好的方位，排一些有動氣的物品，或顏色來與磁場相生，對工作上求貴人及工作順遂有助力。

1.客廳的東北方在五行上屬於土，擺飾最好是可相生之物，顏色以白色或金黃色較好，能增加磁場上的感應。

2.客廳的西北方在五行屬於陽金，擺飾的物品最好的顏色以白色或是金色來引動磁場產生能量，對工作運勢會有助益。

3.客廳的西方五行屬陰金，擺飾的物品，最好選用白色或是土黃色為佳，此物品最好是帶點活潑性的物品，能引動能量，帶來愉快的工作心情，增加及開啟你的智慧。

4.客廳的南方五行屬火，擺飾的物品以黃色或是紅色的物品

最佳，能增加此磁場的感應，在工作上容易得到眾人的欣賞，人緣佳。

・健康

依照陽宅學的理論，住宅最需要空氣的對流及陽光，對身體才有益，每天睡覺的臥室也須如此，對身體才有助益，一間臥室最主要是光線，四個好的光線進入你的臥室，對你的身體絕對有益，但若是窗戶開在東南方、北方、西南、東方，如光線太足的話，建議在窗戶擺一些盆栽，以軟性的植物較佳，可化解不好的磁場，對身心有幫助。

・招財

住宅的財運，確實跟磁場有很大的關連，好的磁場可引動住宅的財運，所以磁場的方位就很重要，首先要知道光線的方位，以現在的元運最好的方位有四個，東北方、西方、南方、西北方，若四個方位其中一個光線足，代表這一家的財運還不錯。可以在這4個旺方擺設聚寶盆，將每天用剩的零錢投入，積到一定程度可捐出，代表流動的財源也可為自己積德；若是你家的東南方、北方、東方、西南方的光線比較強勢，記得盡量讓光線柔弱，才不會影響你家的財運。若是沒有辦法改變的話，建議你在四個衰方的位置，種一些樹木或是盆栽，以軟性的植物為主（軟性就是樹枝或葉子比較多的植物），可以將不好的磁場化解，讓你的運勢不受到阻礙。

辦公室風水調整有方法嗎？

坊間來講一般都會將好磁場給決策者，但我則
認為不盡然，好磁場應該給重要的部門。

風水無所不在，只要跟空間有關的都有風水的問題，當然我們長達8小時的工作場所，自然無可避免，既然所處時間這麼長，那工作環境的磁場就很重要了，因為它關係到你的人緣，關係到你的工作心情，關係到你的思考、你的決策，更關係到你收入的穩定與否，所以不容忽視。

坊間來講一般都會將好磁場給決策者，但我則認為不盡然，好磁場應該給重要的部門，比如說公司是以業務為主，就安排給業務人員。

公司是以創意為主的那就是給這些創意人員，因為公司主要的財源是藉由他們而來的，好磁場可以帶動他們的能量，使他們能自動自發，對公司有加分的效果，身為老闆的就可以輕鬆悠哉，豈不更好。

　　辦公室當然不比一般住家講求舒適、休閒氣氛，辦公室要求的是簡潔、明亮，所以辦公室的光線就特別重要，但是現在的辦公大樓所謂的光線，大多是頭頂上的燈光，那要如何來增加自己的磁場呢？

　　首先各位要先了解自己的辦公桌是在公司的哪個方位，如果是在北方和西北方的人，可在西北方擺放產生動能的物品，例如電腦、音響、電話等等，增加好磁場。

　　如果是坐在南方和東南方的人，在位置的南方設置動能的物品，好比電腦、列表機等；如果位置是在西方和西南方者，動能擺放位置在西方；坐位在東方和東北方的人，那引動之器就擺在東北方，這些可增加磁場，輔助工作運勢。

風水小叮嚀

　　常保辦公桌面的整齊乾淨，一個人的行事態度可由桌面的整齊與否看出。

增運小物怎麼放？

擺在桌上的小盆栽，應以小巧為主，才不會有壓迫感。

植物是人見人愛的物品，不管在家裡或是各大商家，多少都會擺放植物，即便不是因為風水觀念，植物也是一種令人賞心悅目的物品。當然辦公室裡因個人喜好也多多少少有植物的擺飾。

在此提供一點小小意見，如果是擺在桌上的小盆栽，應以小巧為主，才不會有壓迫感，既然種了植物就要細心照顧，不要讓植物沾滿灰塵或枯萎，否則可能影響你的心情而導致工作不順，若是枯掉了就要趕緊換一盆，讓你的辦公桌感覺生意盎然，工作情緒也會跟著好起來。

若是大盆的植栽，最好放在衰方，也就是東方、北方、東南方、西南方，以擋住光線為主，讓坐在此些方位的人可平心靜氣的工作。想要錢滾錢嗎？可在抽屜裡放一個小聚寶盆，放入五色石，平日就將零錢投入，也可拿出來使用，讓錢有進有出，記住

不可全部使用完，而且也不可露白，最好是使用在公益上，這樣
不但滾動了錢運，也可為你滾進了福報。

　　有些人喜歡在辦公桌上擺放一些裝飾物，那建議倒不如改
成與自己生肖相合的動物飾品，可增加貴人運勢，所謂相合有三
合和六合之分，三合即猴、鼠、龍之造型物放於座位的西北方；
蛇、雞、牛之造型物放於座位的西方；虎、馬、狗之造型物放於
座位的南方；豬、兔、羊之造型物放於座位的南方。

　　六合就是鼠、牛之造型物放於座位的東北方；虎、豬之造
型物放於座位的南方；兔、狗之造型物放於座位的南方；龍、雞
之造型物放於座位的西方；蛇、猴之造型物放於座位的西北方；
馬、羊之造型物放於座位的東北方。以上三合與六合請選擇一
種，兩者一起使用並不會增加功效。

　　雖然坊間有很多增加運勢的風水物品或許有用，但最大也最
直接的還是在於影響整間公司的磁場，知道公司的好磁場在哪方
位，多多的引進利用，提升整間公司的能量，受惠的就是整個公
司的人員。

命運雲 01

風水致富100問

出 版 者／雲國際出版社

作　　者／林進來

總 編 輯／張朝雄

封面設計／黃聖文

出版經紀／廖翊君

排版美編／YangChwen

內文校對／李韻如

出版年度／2014年4月

郵撥帳號／50017206 采舍國際有限公司

　　　（郵撥購買，請另付一成郵資）

台灣出版中心

地址／新北市中和區中山路2段366巷10號10樓

北京出版中心

地址／北京市大興區棗園北首邑上城40號樓2單

　　　元709室

電話／（02）2248-7896

傳真／（02）2248-7758

全球華文市場總代理／采舍國際

地址／新北市中和區中山路2段366巷10號3樓

電話／（02）8245-8786

傳真／（02）8245-8718

全系列書系特約展示／新絲路網路書店

地址／新北市中和區中山路2段366巷10號10樓

電話／（02）8245-9896

網址／www.silkbook.com

風水致富100問/ 林進來著. -- 初版. -- 新北市：雲國際, 2014.04 面；　公分	ISBN 978-986-271-434-8 (平裝) 1. 面相 294.1　　　　　102021439